THÈSE

POUR LE DOCTORAT

DROIT ROMAIN

DE LA

CAPITIS DEMINUTIO

(DIGESTE LIV. IV, TIT. 5. — INSTITUTES LIV. I, TIT. 16)

DROIT FRANÇAIS

DE LA

PROTECTION DES ENFANTS

MALTRAITÉS

ET MORALEMENT ABANDONNÉS

(Loi du 24 Juillet 1889)

THÈSE POUR LE DOCTORAT

L'ACTE PUBLIC SUR LES MATIÈRES CI-APRÈS
Sera soutenu le Lundi 5 Juin 1893

PAR

GASTON GUÉNY

AVOCAT A LA COUR D'APPEL

Président : M. GLASSON.

Suffragants : { MM. LABBÉ, LARNAUDE, } *Professeurs.*
{ PLANIOL, *Agrégé.*

PARIS

LIBRAIRIE NOUVELLE DE DROIT ET DE JURISPRUDENCE

ARTHUR ROUSSEAU, ÉDITEUR

14, RUE SOUFFLOT, ET RUE TOULLIER, 13

1893

A MA MÈRE

CAPITIS DEMINUTIO

(Digeste liv. IV tit. 5 — Institutes liv. I. tit. 16)

CHAPITRE I

DE LA CAPITIS DEMINUTIO EN GÉNÉRAL

Pour obtenir une définition exacte de la *capitis demi-nutio*, il faut fixer préalablement le sens des deux mots. qui composent cette expression. Le mot *deminutio* vient de *de*, et de *minuere* qui signifie proprement couper, mettre en morceaux. Les mots *deminutio* et *minutio* sont souvent employés l'un pour l'autre, toutefois la préposition *de* semble indiquer de préférence la séparation d'une partie d'un tout : c'est ainsi que Cicéron emploie l'expression « *deminutio de bonis privatorum* » pour « atteinte portée aux propriétés privées », montrant ainsi qu'il y a retranchement à la propriété.

Le sens du mot *caput* est plus difficile à fixer. Ce mot peut désigner l'individu lui-même, l'homme, et c'est dans ce sens que Justinien l'emploie dans la définition de la tutelle : « *Est autem tutela, ut Servius definivit, vis ac potestas in capite libero* ». (1. Inst. *de Tut.* i, 13).

En deuxième lieu « *caput* » signifie aussi chapitre, division d'un ouvrage. C'est ainsi que les Institutes nous disent : « *Damni injuriæ actio constituitur per legem Aquiliam : cujus primo capite cautum est ut...* » (Inst. pr. § 1 et 3 *De leg. Aquil.* iv, 3).

Enfin *caput* signifie état juridique des personnes, il est alors synonyme de *status :* il comprend les trois éléments constitutifs de l'état du *civis romanus*, c'est-à-dire la liberté, la cité, la famille : « *Tria sunt quæ habemus : libertatem, civitatem, familiam.* (Dig. 4, 5. *De cap. minut.* iv, 5). Cette synonymie entre les mots *caput* et *status* est mise en un plein relief par le rapprochement de deux textes dont l'un porte que les esclaves n'ont pas de *caput*, et l'autre que c'est seulement du jour où ils sont affranchis qu'ils acquièrent *statum*. (Dig. 4 et 5. *De cap. min.* iv, 5). Toutefois l'opinion que nous émettons ici n'est pas partagée par certains auteurs qui dans la phrase de Paul « *servile caput nullum jus habet* » prennent le mot « *caput* » dans le sens d'individu. Quoi qu'il en soit, cette synonymie explique très bien pourquoi sous la rubrique de *statu hominum* (i, 5) le Digeste traite de l'acquisition originaire du *caput*. Les principales questions résolues dans ce titre sont de savoir quelles personnes naissent libres ou esclaves, quelles personnes naissent avec le droit de cité romaine, et à quelle famille on appartient en naissant. Le titre *De statu hominum* se complète par celui *De capite minutis :* le premier étudie l'acquisition, l'autre la perte du *caput*.

Etant donné le sens des deux mots *deminutio* et *cáput* il semble qu'on doive immédiatement donner la signification de l'expression *capitis deminutio*. Les jurisconsultes romains disent : « *capitis deminutio est status mutatio* », mais la définition romaine est obscure, et les auteurs modernes ne sont pas tous du même avis. Tandis que M. de Savigny voit dans la *capitis deminutio* un changement préjudiciable dans l'état juridique de la personne, M. Demangeat traduit « *capitis deminutio* » par changement d'état. Mais si la définition de l'auteur allemand n'est pas acceptable, comme nous le verrons plus spécialement en étudiant la *capitis deminutio minima*, celle de M. Demangeat est inexacte également, car il peut y avoir changement d'état sans qu'il y ait *capitis deminutio*, ce qui aura lieu pour l'enfant *in patria potestate* qui deviendra *sui juris* par la mort de son père *sine capitis deminutio.*

A notre avis, qui est du reste celui de la plupart des auteurs, la *capitis deminutio* consiste dans la perte totale ou partielle de l'état que l'on possédait. Ce n'est pas néanmoins toujours une déchéance, car il est possible que les éléments perdus du *caput* soient remplacés d'une manière équivalente ou quelquefois même plus avantageuse ; mais la perte d'un des éléments du *status*, c'est-à-dire de la *libertas*, de la *civitas* ou de la *familia*, est la condition essentielle, *et sine qua non*, de la *capitis demi-*

nutio, ce qui constitue une mort civile, dans la mesure dans laquelle elle est encourue par celui qui la subit. Le titre *De capite minutis* au Digeste s'occupe de la *Capitis deminutio* sous les trois aspects sous lesquels elle peut se présenter, c'est donc qu'elle produit par elle-même des effets directs et immédiats qui doivent être les mêmes dans tous les cas ; de telle sorte que chaque fois qu'il y aura *capitis deminutio* nous trouverons des effets de deux sortes, les uns causés par *la capitis deminutio* elle-même, et les autres par le fait qui la produit : c'est ce que nous verrons bientôt en étudiant la *maxima capitis deminutio,* et c'est ce qui explique comment les jurisconsultes romains en déterminant les effets de *la capitis deminutio* ne tiennent pas compte de la division en *maxima, media,* et *minima,* c'est également ce qui nous fait comprendre comment la *maxima capitis deminutio* entraînait la *media* et la *minima,* et comment la *media* entraînait elle aussi la *minima.*

Certains auteurs ont donné à l'expression *capitis deminutio* une origine particulière : suivant eux le mot *caput* aurait désigné le chapitre consacré à chaque citoyen sur les registres du cens, de telle sorte que les mots *capitis deminutio* indiqueraient soit la suppression pure et simple de ce chapitre du registre du cens pour la *maxima* et la *media capitis deminutio,* soit son retranchement suivi de sa réinscription dans une autre partie de ce même registre pour la *minima capitis deminutio.*

Toutefois certains auteurs qui, avant M. de Savigny,

enseignaient cette théorie sur. le mot *caput* reconnaissent que c'était la corporation qui était *minuta* et que c'est par une transposition d'idées que les expressions ont été appliquées à l'individu.

Quant à nous, sans nier que, grammaticalement parlant, le mot *caput* n'ait quelquefois le sens qu'on lui donne dans cette théorie, il nous est impossible de nous rallier à cette opinion dans le cas qui nous occupe : les conséquences qui en découlent sont inacceptables. En effet, il n'est pas douteux que les fils de famille fussent inscrits sur les registres du cens ; Tite-Live, dans le compte des dénombrements qu'il rapporte si fréquemment, emploie la formule à peu près constante : « *Censa civium capita... tot* », mais s'ils figuraient en leur propre nom, comme au point de vue du pur droit civil, ils ne possédaient rien, ils auraient dû être rejetés dans la classe infime des prolétaires *capite censi*, ils n'auraient donc pu faire partie de l'armée, ni voter aux comices, ni obtenir aucun titre honorifique : or, on sait que la qualité de *filiusfamilias* n'empêchait pas d'arriver au Sénat, au Consulat, ou à toute autre dignité. Puisque nous sommes forcés d'admettre que les fils de famille étaient inscrits sur les registres du cens, et que d'autre part ils ne pouvaient être inscrits dans la classe des prolétaires, nous sommes obligés d'admettre qu'ils étaient compris dans le même chapitre que leur *paterfamilias* : ils n'avaient donc pas de chapitre à eux propre, et par suite il était impossible de supprimer ce *caput* quand leur état juridique

subissait une modification. Il faut donc dire que, quand
on parle du *caput filiifamilias*, on n'entend pas parler
du chapitre qui lui aurait été consacré sur les registres
censitaires ; on a en vue sa personne de droit civil romain
avec les trois éléments qui en sont inséparables : la liberté, la cité, la famille.

Comme le dit le texte des Institutes, il y a trois sortes
de *capitis deminutio*, la *maxima*, la *media*, la *minima*,
correspondant aux trois éléments de la personnalité civile du *civis romanus*. Nous allons étudier ces trois cas
distincts en leur consacrant à chacun un chapitre, et après
cette étude de la *capitis deminutio* à l'époque du droit
classique, nous examinerons dans un quatrième chapitre
ce qu'elle est devenue dans le droit de Justinien.

CHAPITRE II

DE LA MAXIMA CAPITIS. DEMINUTIO ET DE SES EFFETS

La *capitis maxima diminutio* atteint toute personne libre, ingénu ou affranchi, qui tombe en esclavage. Les causes de servitude postérieures à la naissance, qui proviennent du *ius civile* et du *jus gentium*, doivent être examinées. Le très ancien droit frappait d'esclavage les individus suivants : 1° ceux qui ne s'étaient pas fait inscrire sur les registres du cens (Cicéron. *Pro Cecina*. 34) étaient vendus au profit du peuple. Cette cause d'esclavage qui paraît remonter à Servius Tullius disparut sous l'empire, époque à laquelle le cens prit fin.

2° Ceux qui avaient refusé le service militaire (Cic. *pro Cecina* 21) étaient également vendus au profit du peuple. Cette cause d'esclavage, qui remonte à la même époque que la précédente, disparut également avec elle, quand l'armée se recruta par voie d'enrôlements volontaires (L. 4 § 10 *De re milit*. XLIX, 16).

3° Ceux qui avaient été condamnés comme débiteurs

et n'avaient pas exécuté la condamnation dans le délai légal. Dans ce cas, la vente du débiteur comme esclave devant avoir lieu *trans Tiberim*, l'esprit de la loi étant qu'un Romain ne devînt pas esclave à Rome.

4ᵉ Ceux qui avaient été pris en flagrant délit de vol (Gaius iii, 189).

Ces deux dernières causes d'esclavage avaient été consacrées par la loi des Douzes Tables ; mais tandis que celle-là était tombée en désuétude, celle-ci fut abolie expressément par le préteur.

Dans le droit classique nous trouvons d'autres causes d'esclavage *jure civili* : le Sénatusconsulte Claudien avait décidé que la femme libre, qui avait entretenu des relations avec *l'esclave d'autrui*, pouvait *tomber* en servitude et sous la puissance du maître de cet esclave. C'est ce que nous dit Paul (Paul. Sent. liv. II, tit. 21) : il fallait, nous dit ce jurisconsulte, que le *dominus* fît à la femme trois sommations, et si ces dernières étaient faites sans résultat, le préteur devait prononcer l'adjudication de cette femme au *dominus : « Tribus denuntiationibus conventa, etsi ex senatusconsulto facta videatur ancilla, domino tamen adjudicata citra auctoritatem interpositi per prœtorem præsidem ve decreti non videtur ; ipse enim debet auferre qui dare potest libertatem. »* (Paul, Sent. liv. II, tit. 21 § 17). Mais le sénatusconsulte était inapplicable, lorsque l'esclave appartenait au fils ou à l'affranchi de la femme : des motifs de convenance n'ont pas permis qu'elle devînt l'esclave de son fils où de son affranchi :

« *Si patrona servo liberti sui se conjunxerit, ejus denun-
tiatione conventam ancillam fieri non placuit.* » (Paul,
Sent. liv. II, tit. 21 § 13), et plus loin... *Si mater servo fi-
lii se junxerit, non tollit senatusconsultum Claudianum
erubescundam matris etiam in re turpi reverentiam,
exemplo ejus quæ se servo liberti sui conjunxit.* » (Paul,
Sent. liv. II, tit. 21 § 16). Si des motifs de convenance
avaient dicté cette règle, des motifs de droit pur défen-
dirent que la femme, dans le cas visé par le senatusconsulte, tombât en esclavage lorsqu'elle était *filiafamilias*
et que son père avait tout ignoré, car celui-ci ne pouvait
malgré lui être dépouillé des droits de la puissance paternelle que la loi lui accordait (Paul, Sent. liv. II, tit. 21 §
9). On décidera, pour des raisons analogues, que la femme
affranchie qui se sera rendue coupable de l'acte prévu
par ce senatusconsulte, retombera *in jure servitutis* sous
la puissance de son patron, car on ne peut admettre que
celui-ci perde malgré lui ses *jura patronatus* (Paul, Sent.
liv. II, tit. 21 § 6).

Devant l'abus que les patrons faisaient de leurs droits,
les affranchis, dont le nombre augmentait sans cesse, né-
gligeaient de plus en plus l'accomplissement de leurs
devoirs envers leurs anciens maîtres ; de telle sorte qu'une
loi devint nécessaire pour punir les affranchis qui se
montraient ingrats. Ce fut la loi *Ælia Sentia*, sous Auguste, qui, la première, organisa un mode de répression
tout en sauvegardant le principe de l'irrévocabilité de la
liberté : elle permit de condamner l'affranchi ingrat à la

déportation à vingt milles de Rome ; plus tard on permit la condamnation aux carrières, et par la suite on laissa la peine à l'appréciation du *Præfectus urbi* ou du *præses provinciæ*. L'Empereur Claude fut le premier qui porta atteinte à l'irrévocabilité de la liberté ; il décida que l'affranchi qui mettrait en question, par une action en justice, l'état de son patron, redeviendrait son esclave (L. 5, pr. *De jur. patron.* xxxvii, 14). Mais ce fut l'empereur Commode qui admit la révocation de la liberté pour ingratitude (L. 6, § 1, *De agn. et al.* lib. XXV, 3). Trois conditions sont exigées, pour que l'affranchi retombe sous la puissance de son ancien maître : 1° il faut que le maître ait fait cet affranchissement de son plein gré, et non qu'il n'ait fait qu'exécuter une obligation : il faut que l'affranchi ait reçu la liberté de son ancien maître pour qu'il puisse se montrer ingrat. C'est ce que nous dit le texte : « *Non est ignotum, quod ea, quæ ex causa fideicommissi manumisit, ut ingratum libertum accusare non potest : cum id judicium extra ordinem præbeatur ei qui voluntate servo suo libertatem gratuitam præstitit, non qui debitam restituit.* » (L. 1 Code De lib. et lib. eorum, vi, 7). 2° L'ingratitude n'existe que si elle se manifeste par des actes graves, tels que des violences matérielles ; c'est ainsi que la loi regarde comme insuffisant le cas suivant : « *Solo obsequii non præstiti velamento, data libertas rescindi non potest.* » (L. 30. Code De lib. caus. vii, 16). 3° Enfin la troisième condition pour que l'affranchi ingrat tombe de nouveau en servitude, c'est

que les faits sur lesquels le patron s'appuie pour former
sa demande soient constatées devant le juge, et la révocation de la liberté prononcée par le magistrat : « *Si in
judicio vel apud pedaneos judices patroni querelâ exorta
ingratum eum ostendat.* » (L. 2, Code De libert. et lib.
eorum, vi, 7).

Nous trouvons une autre cause d'esclavage *jure civili*
dans la condamnation *ad bestias*, ou *ad metallum*, ou *ad
opus metalli,* ces deux dernières n'ayant entre elles que
de légères différences. Les individus devenus esclaves
pour cette cause étaient des esclaves sans maître, ils
étaient *servi pœnæ*, c'est-à-dire qu'ils étaient considérés
comme soumis à leur seul châtiment. C'est ce que nous
dit Marcien (L. 17, Dig. *De pœn.* xlviii, 19) : « *Sunt
quidam servi pœnæ, ut sunt in metallum dati, et in opus
metalli ; et si quid eis testamento datum fuerit, pro non
scriptis est : quasi non Cæsaris servo datum, sed pœnæ.* »
La condamnation *ad bestias* fut remplacée sous Constantin par la condamnation *ad metallum.*

Le droit romain n'admettait pas qu'on pût vendre sa
liberté, c'était une *res* qui n'était pas *in commercio ;* aussi
deux individus, pour se procurer de l'argent, pouvaient-
ils agir de la façon suivante : l'un se faisait passer pour
esclave et l'autre pour son maître ; le soi-disant maître
vendait son compagnon et touchait l'argent ; le prétendu
esclave réclamait ensuite sa liberté et triomphait nécessairement dans sa réclamation. L'acheteur avait bien
contre la personne vendue une action prétorienne pour

réclamer le double du préjudice causé, mais, la plupart du temps, le vendeur était insolvable, et le recours que son acheteur avait contre lui était illusoire ; aussi, pour réprimer de pareilles fraudes, le droit romain admit que celui qui se serait fait vendre deviendrait effectivement esclave : c'est une cause nouvelle d'esclavage *jure civili*. Cette dérogation aux principes du droit semblerait remonter au dernier siècle de la République, si nous en croyons un texte de Paul où cet auteur cite une décision de Quintus Mucius Scevola : « *Si usumfructum tibi vendidero liberi hominis et cessero : servum effici eum dicebat Quintus Mucius, sed dominium ita demum fieri meum, si bona fide vendidissem : alioquin sine domino fore.* » (L. 23, pr. Dig. *De lib. caus.* XL, 12). Toutefois, la matière ne fut définitivement organisée que sous l'Empire par divers sénatusconsultes au nombre desquels un texte de Paul (L. 5, Dig. Quid ad lib. procl. XL, 13) semble ranger le sénatusconsulte Claudien. Quelles que fussent les origines de cette cause d'esclavage, il était nécessaire, pour produire de tels effets, qu'on rencontrât réunies les conditions suivantes : 1° il fallait que celui qui s'était laissé vendre fût majeur de 20 ans, au moment de la vente ou bien à l'époque où il partageait le prix avec son complice, car jusque-là il était trop jeune pour qu'on le frappât d'une peine aussi grave. C'est ce que nous apprend un texte d'Ulpien : « *Si quis minor viginti annis ad partiendum pretium, venum se dari passus est : nihil ei hoc post viginti annos nocebit. Sed si*

ante quidem se venum dedit, post vicesimum autem an-num pretium partitus est : poterit ei libertas denegari. »
(L. 7, § 1, Dig. *De lib. caus.* XL, 12).

2° Il fallait qu'il connût sa qualité d'homme libre et que son intention fût de partager le prix (L. 7, pr. Dig. *De lib. caus.* XL, 12).

3° Il fallait que le prix eût été réellement compté au vendeur par l'acheteur, sinon celui-ci n'ayant rien payé, n'éprouvait aucun préjudice (L. 1, pr. Dig. *De lib. caus.* XL, 13).

4° Il fallait enfin que l'acheteur ignorât la qualité d'homme libre de celui qu'il achetait, sinon il ne pouvait s'en prendre qu'à lui-même du préjudice qu'il éprouvait. C'est ce que nous dit un texte d'Ulpien : « *Si quis sciens liberum emerit, non denegatur vendito in libertatem pro-clamatio adversus eum qui eum comparavit.* » (L. 7, § 2, Dig. *De lib. caus.* XL, 12).

Les textes déjà cités n'ont en vue que la vente *ad participandum pretium*, mais est-il toujours nécessaire qu'une vente ait lieu ? Décider dans le sens de l'affirma-tive serait contraire au texte de Paul qui prévoit l'hypo-thèse de constitution de dot ou de donation comme es-clave d'un homme libre (L. 23 § 1, Dig. *De lib. caus.* XL, 12). Dans ces cas, comme dans le cas de vente, si les conditions exigées sont remplies, l'homme libre tombe en esclavage : l'hypothèse de la vente est la plus fréquente, mais non la seule. Le législateur romain avait tellement pour but de sauvegarder les intérêts de l'acheteur quand il était de bonne foi, que Paul déclare que si un acheteur de mauvaise foi a revendu le soi-disant esclave à un nouvel acheteur de bonne foi, on ne pourra admettre la *proclamatio ad libertatem* (L. 33, Dig. *De lib. caus.* XL, 12).

Telles sont en droit romain les causes d'esclavage *jure civili:* toutes exigent de la part de celui qui tombe en esclavage un acte volontaire, puisque l'esclavage constitue la peine d'un acte immoral ou coupable ; mais si l'aliénation indirecte de la liberté est admise dans une certaine mesure, l'aliénation directe est absolument défendue : c'est ainsi qu'un Romain ne peut jouer sa liberté comme l'admettaient les Germains.

A côté de ces causes d'esclavage *jure civili*, le *civis romanus* pouvait devenir esclave *jure gentium*, par captivité, mais on devait se trouver dans des conditions spéciales. Il fallait : 1° que le captif ait été pris dans une guerre de nation à nation ; ainsi la liberté était conservée en droit par ceux qui avaient été pris dans une guerre civile (L. 21 § 1, Dig. *De capt.* XLIX, 15), ou faits prisonniers par des pirates (L. 19 § 2. Dig. *De capt.* XLIX, 15), ou emmenés en captivité par des brigands (L. 13, pr. Dig. *Qui test. fac.* XXVIII, 1) ; 2° que la guerre eût été l'objet d'une déclaration régulière, c'est-à-dire constituât un *justum bellum*. C'est ce que nous dit Ulpien : « *Hostes sunt quibus bellum publice Populus romanus decrevit vel ipsi Populo Romano : cæteri latrunculi vel prædones appellantur* (L. 24, Dig. *De capt.* XLIX, 15). »

Dans le dernier état de droit classique, cette cause d'esclavage sera peu fréquente ; en effet ou bien le captif meurt chez l'ennemi et en vertu de la loi Cornélia, il est considéré comme étant mort au moment même où il a perdu la liberté ; ou bien il rentre sur le territoire romain, et en vertu de la fiction du *postliminium* il est considéré comme n'ayant jamais été esclave ; mais il faut pour cela que toutes les conditions du *postliminium* soient remplies : c'est ainsi que Régulus, renvoyé à Rome par les Carthaginois après avoir juré de retourner en esclavage, n'a pas joui du *postliminium*, et quoique revenu sur le sol romain, fut considéré *jure civili* comme étant toujours en captivité. C'est ce que nous dit un texte de Pomponius : « *Et ideo in Attilio Regulo, quem Carthaginenses Romam miserunt, responsum est, non esse eum postliminio reversum : quia juraverat Carthaginem reversurum, et non habuerat animum Romæ remanendi* (L. 5 § 3, *De capt.* xlix, 15). »

Toutes ces causes d'esclavage, tant *jure civili* que *jure gentium*, entraînaient *maxima capitis deminutio*. Il est incontestable qu'il faille compter parmi les personnes frappées de cette *maxima capitis deminutio* les *cives romani*, mais étaient-ils les seuls, et ne peut-on pas dire que les pérégrins subissaient eux aussi cette déchéance et cette mort civile ? Ils ne jouissent certainement pas des trois éléments composant le status du citoyen romain, mais ils ont néanmoins un status qui leur est propre, et il est impossible de dire qu'ils ne possèdent pas la liberté. Aussi admettrons-nous pour eux la possibilité d'une *maxima capitis deminutio*, mais les causes qui l'entraîneront ne seront pas les mêmes que pour le citoyen romain : ils peuvent devenir esclaves *jure gentium*, mais les autres causes d'esclavage ayant lieu *jure civili* leur sont-elles inapplicables ? Répondre toujours par l'affirmative serait à notre avis trop rigoureux ; il est deux cas qu'il semble difficile de déclarer inapplicables aux pérégrins, c'est la condamnation *ad metallum ou ad bestias*, et la vente d'un individu *ad participandum pretium*. Mais il faut reconnaître que la propriété donnée sur un individu devenu esclave *jure civili* ne pouvait appartenir qu'à un *civis romanus,* par suite même de l'origine de ce droit de propriété.

En résumé l'on peut dire qu'il y a *maxima capitis deminutio* quand un citoyen romain tombe en esclavage par quelque cause que ce soit, ou quand un pérégrin devient esclave *jure gentium,* ou pour condamnation *ad metallum* ou *ad bestias,* ou pour s'être vendu *ad participandum pretium,* ou enfin d'après la loi de son pays ? Faut-il dire, comme M. de Savigny, qu'il en est de même quand une femme libre et citoyenne épouse un esclave avec le consentement de son maître et devient ainsi affranchie ? Ce n'est pas notre avis ; il n'y a *maxima capitis deminutio* que quand il y a perte de la liberté ; or, l'affranchie est un être libre, et, quoique subissant une modification dans son *status,* il est impossible de la considérer comme étant en esclavage. On peut nous objecter que le mot affranchi ne s'applique qu'à celui ou à celle qui a été esclave, mais nous répondrons qu'il est impossible de fixer l'époque où a eu lieu l'esclavage.

Quels sont les effets de la *maxima capitis deminutio* ? On peut dire qu'elle correspond à un anéantissement de la personne juridique : l'homme tombe au rang de chose et n'a plus d'état : aussi quand les Institutes disent : « *Est autem capitis deminutio prioris status mutatio.* » (Instit. *De cap. dem.* liv. I, tit. 16 pr.), doit-on reconnaître que cette définition ne convient pas à la *maxima capitis deminutio* : il n'y a pas changement, il y a disparition complète. La *maxima capitis deminutio* comprend par elle-même la *media* et la *minima* : celui qui l'encourt, n'ayant plus la liberté, ne peut avoir ni la *civitas* ni la *familia*.

Le citoyen qui subit la *maxima capitis deminutio* est considéré comme mort, *servitus morti adsimilatur* (L. 59 § 2, Dig. *De cond.* xxxv, 1); sa capacité très restreinte est celle de l'esclave, il n'y a plus pour lui ni mariage, ni agnation, ni propriété. Mais il est juste de remarquer que ces effets sont moins le résultat de la *maxima capitis deminutio* que celui de l'esclavage qui en est la cause. En réalité, la *capitis deminutio* consiste essentiellement dans la disparition des droits de famille, et c'est parce qu'il est impossible de les conserver quand on perd la liberté, qu'elle est attachée à cette déchéance. Mais l'esclavage produit certains effets propres que nous allons passer en revue.

Du principe que le *capite minutus* est esclave, il faut

en conclure qu'il n'est pas membre de la cité, et que par conséquent il ne peut aspirer aux magistratures ni figurer dans l'armée : il n'y a plus pour lui ni famille ni mariage ; il peut avoir des enfants, mais aucun lien légal ne l'unit à eux, pas plus du reste qu'à ses père et mère et à ses autres parents, l'agnation n'existant plus. Quant à la *cognatio*, d'après le paragraphe 158, l. I de Gaius, elle ne serait détruite par aucune *capitis deminutio*. L'homme frappé d'esclavage peut contracter un *contubernium*, mais les *justæ nuptiæ* lui sont interdites ; le mariage contracté antérieurement est dissous, et quand l'esclavage a eu lieu par suite d'une condamnation, cette dissolution entraîne des conséquences spéciales : est-ce le mari qui est condamné, la femme a le droit de reprendre sa dot et la donation à elle faite *ante nuptias ;* si elle n'a pas apporté de dot, elle a le droit de prélever sur les biens de son mari un quart en pleine propriété s'il n'y a pas d'enfants, et s'il y en a, une part d'enfant en usufruit sans que cette part puisse dépasser le tiers de la succession. (Just. Nov. 117, Ch. 5). Si c'est la femme qui est condamnée, le fisc s'empare de la dot dans le cas de condamnation pour lèse-majesté, violence publique, empoisonnement ou homicide. (L. 9, Dig. Du *bon dam.* XLVIII, 20), mais le mari conserve vis-à-vis de lui les droits qu'il aurait eus contre sa femme (L. 4, Dig. XLVIII, 20). Dans le cas d'un crime autre que ceux déjà énumérés, emportant esclavage pour la femme, la dot n'est pas confisquée et profite au mari. (L. 5, Dig. XLVIII, 20).

L'homme frappé de *maxima capitis deminutio* par suite de son esclavage ne peut avoir de droits de propriété ni de créance, tout ce qu'il acquiert appartient à son maître ; il ne peut avoir de testament, les dispositions à lui faites sont réputées non écrites, mais nous trouvons un texte (L. 3, pr. Dig. xxxiv, 8) qui permet de léguer des aliments aux condamnés aux mines. Il ne peut s'obliger personnellement si ce n'est par ses délits, et dans ce cas cette obligation ne peut produire d'effets à son égard, au point de vue pécuniaire, que du jour ou il devient libre ; c'est ce que nous dit un texte d'Ulpien : *Servi ex delictis quidem obligantur : et si manumittantur obligati remanent : ex contractibus autem civiliter quidem non obligantur; sed naturaliter et obligantur et obligant: denique si servo qui mihi mutuam pecuniam dederat, manumisso solvam, liberor.»* (14. *De obl. et act.* xliv, 7).

L'esclave ne pouvait pas figurer dans une action en justice ni comme demandeur ni comme défendeur (Gaius, n. 96), toutefois quand il n'y avait pas d'autres moyens d'arriver à la découverte de la vérité, il pouvait être appelé en témoignage dans une affaire civile ou criminelle pour attester des faits ; c'est ce que nous dit Modestin : « *Servi responso tunc credendum, cum alia probatio ad eruendam veritatem non est...* (L. 7, Dig. *De test.* xxii, 5)

En principe, l'esclave qui a un maître peut recevoir une donation, être institué héritier, diriger un commerce, mais il n'acquiert que *ex persona domini ;* certains esclaves ne peuvent même pas remplir ces fonctions, ce sont les *servi pœnæ,* qui n'ont pas de maître, et par suite ne peuvent le représenter. Quant aux biens que le *capite minutus* possédait avant de tomber en esclavage, il faut distinguer si cet esclave a un *dominus* ou s'il est *servus pœnæ :* dans le premier cas, les biens appartiendront au *dominus,* et dans le second au fisc, mais toujours à condition de payer les dettes, sinon les créanciers obtiendront l'envoi en possession des biens qui ont appartenu au débiteur tombé *in servitute :* il faut voir dans cette confiscation au profit du *dominus* ou du fisc, non un effet de la *capitis deminutio,* mais un effet de la condamnation à l'esclavage ; la preuve c'est que la confiscation au profit du fisc apparaît pour la première fois sous Sylla dans la loi Cornelia *de proscriptis,* tandis que la *capitis deminutio* appartient au droit primitif de Rome. Le fisc succédant *in universum* était tenu de toutes les dettes et investi de toutes les créances ; mais la condamnation à l'esclavage, par cela même qu'elle était suivie de confiscation, avait pour résultat de frapper des innocents, car les enfants du condamné étaient privés des biens qui auraient dû leur revenir un jour, ; c'est ce que nous dit Paul : « *æquissimum existimatum est, eo quoque casu, quo propter pœnam parentis aufert bona damnatio, rationem haberi liberorum : ne alieno admisso, graviorem pœnam luerent, quos nulla contingeret culpa, interum in summam egestatem devoluti, quod cum aliqua modera-*

tione definiri placuit : ut, qui ad universitatem venturi erant jure successionis, ex ea portiones concessas. habe- rent. » (L. 7, Dig. *De bon. dam.* XLVIII, 20).

Au point de vue des rapports avec son maître, l'homme frappé d'esclavage est sous l'entière domination de son *dominus* qui a sur lui droit de vie et de mort : la loi en consacrant ce droit ne se proposait pas de justifier l'arbitraire et les cruautés du maître, mais lui confiait plutôt l'exercice d'une magistrature domestique : aussi des lois postérieures, dans le détail desquelles il est inutile d'entrer, vinrent combattre les abus qui résultèrent d'une semblable puissance, mais le principe était toujours que l'esclave était la chose de son maître. Les délits commis par l'esclave obligeaient le *dominus,* mais celui-ci, ne pouvant en être responsable que jusqu'à la valeur de son esclave, avait la faculté de se dérober à la demande en dommages et intérêts en abandonnant le coupable.

La grâce avait pour résultat de remettre le condamné dans son ancien état et cela rétroactivement, mais ses effets variaient suivant qu'elle était ou non accompagnée de la remise des biens : dans le premier cas, le droit des créanciers renaissait tout entier, et ils n'avaient pas besoin d'actions utiles parce que les actions directes leur appartenaient ; dans le second cas, le fisc gardant les fonds, la peine seule était remise, et le débiteur demeurait libéré.

Quant à l'esclave ayant un *dominus*, l'affranchissement qui survenait faisait de l'affranchi un *novus homo*, il n'était pas réintégré même dans les droits considérés comme naturels, la cognation par exemple (4 Inst. De cap. dem), aussi était-il exclu de la *bonorum possessio unde cognati ;* et il n'est pas douteux qu'il ne restât libéré des dettes contractées antérieurement à l'esclavage.

<h1 style="text-align:center">CHAPITRE III</h1>

DE LA MEDIA CAPITIS DEMINUTIO

La *media capitis deminutio* est l'état de celui qui, tout en conservant la liberté, perd son droit de cité. Pour qu'il y ait *media capitis deminutio*, il n'est pas nécessaire qu'un citoyen romain perde purement et simplement son droit de cité romaine : cette *capitis deminutio* existerait également si le *civis romanus* échangeait son droit contre un droit de *certa civitas* reconnu par les lois romaines, ou si un pérégrin jouissant de ce droit de *certa civitas* acquérait la *civitas romana*. D'où il nous faut tirer ces deux conclusions : la première c'est qu'il y a *media capitis deminutio* que cette perte soit faite sans compensation ou avec acquisition d'un droit de cité supérieur ou inférieur, la seconde c'est que non-seulement le *civis romanus*, mais encore le pérégrin jouissant d'une *certa civitas* reconnue par la loi de Rome, peuvent être frappés de *media capitis deminutio* : dans ces deux cas il y a *mutatio status civitatis*.

Quant aux causes de la *media capitis diminutio*, Justinien nous en cite deux : « *Quod accidit ei cui agna et igni interdictum fuerit, vel ei qui in insulam deportatus est* » (Inst. I, xvi, 2), mais il est évident que ces causes ne sont pas les seules, ce sont là deux exemples de condamnations criminelles entraînant *media capitis deminutio*, mais il est probable que d'autres condamnations, aux travaux publics perpétuels par exemple, entraînaient le même résultat.

Ces trois espèces de condamnations n'ont pas existé en même temps : la condamnation à l'interdiction de l'eau et du feu, qui n'était qu'un détour imaginé pour forcer le condamné repoussé par tout le monde à un exil volontaire hors du territoire romain, était en apparence fidèle au vieux principe d'après lequel personne ne perd malgré soi son droit de cité : c'est la peine qui paraît la plus ancienne des trois. La peine de la déportation. (Inst. §. 1. quib. mod. jus pot. i, 12), semble au contraire n'avoir été introduite que sous Auguste ; elle diffère de la peine précédente en ce que le condamné est interné dans une île soumise à la domination romain, eau lieu d'avoir le choix de sa résidence, mais elle finit par se confondre en fait et en droit avec elle, (L. 2, § 1 et 2 Dig. *De pœn.* xlviii, 19). Quant aux travaux publics perpétuels on peut dire que cette peine n'a existé que sous l'empire (L. 17, Dig. *De pœn* xlviii, 19).

Nous trouvons une seconde cause de perte de la *civitas*, et par suite de *media capitis deminutio*, dans le fait suivant : tout citoyen régulièrement livré aux ennemis, soit pour avoir conclu avec eux sans pouvoir un traité honteux, soit pour avoir frappé et injurié leur ambassadeur, soit pour tout autre motif, fait désormais partie de la nation à laquelle il a été livré, à moins qu'elle ne refuse de le recevoir : dans ce cas il y avait en droit romain controverse parmi les jurisconsultes pour savoir si cet homme reste *civis romanus* ou devient perégrin *sine civitate* (L. 17, Dig. *De legat.* L, 7.

Enfin il y avait perte de la *civitas romana*, et comme conséquence *media capitis deminutio*, quand un *civis romanus*, indépendamment de toute condamnation, émigrait dans une colonie latine : la *civitas romana* était dans ce cas remplacée par un *certa civitas* reconnue par la loi romaine, c'est ce que nous dit Gaius : « *olim quoque quo tempore populus romanus in latinas regiones colonias deducebat, qui jussu parentis in latinam coloniam transmigrabant, de potestate exibant ; desinebant enim cives Romani esse, cum acciperentur alterius civitatis cives.* » (Gaius I. § 131). Et réciproquement il y avait *media capitis deminutio* quand un pérégrin jouissant d'une *certa civitas* obtenait la *civita romana ;* cette conséquence nous montre que la définition des Instituts n'est pas assez générale : cette définition ne comprend en effet que le cas où la perte de la cité entraîne un état inférieur au précédent ; or, nous venons de voir qu'il peut en être autrement. M. de Savigny refuse de voir dans l'hypothèse d'un pérégrin acquérant la *civitas romana* une *capitis deminutio :* il n'y a suivant lui qu'une *mutatio status ;* c'est que l'auteur allemand regarde comme condition essentielle de la *capitis deminutio* que l'état nouvellement acquis soit inférieur au précédent ; nous discuterons plus tard cette théorie ; mais si on nie qu'il y eût *media capitis deminutio* pour le pérégrin, comment expliquer ce texte de Pline-le-Jeune, où ce jurisconsulte sollicitant de l'empereur Trajan la concession du droit de cité pour quelques pérégrins, lui demande en même temps de leur conserver leurs *jura patronorum* (Pline-le-J. *Epistolæ* x, 8).

Les causes d'esclavage n'entraînent perte du droit de cité que parce qu'elles entraînent en même temps perte de la liberté : la *media capitis deminutio* est en quelque sorte contenue et absorbée par la *maxima*.

Les effets de la *media capitis deminutio* varient suivant qu'il y a perte de la *civitas romana*, ou au contraire acquisition de cette même *civitas ;* nous allons examiner chacun de ces deux cas, mais auparavant rappelons-nous toujours que les effets sont de deux sortes : les uns sont la conséquence directe de la *capitis deminutio*, quelle qu'elle soit, et nous les examinerons dans l'étude de la *minima capitis deminutio*, les autres sont la suite du fait qui a amené la *media capitis deminutio*, et ce sont ceux-là seuls que nous allons étudier.

Si nous supposons *un civis romanus* perdant la *civitas*, il perdra en même temps les prérogatives attachées à ce titre de *civis romanus* et qui le distinguent du pérégrin. Au point de vue politique aucune fonction publique ne sera accessible à celui qui a subi la *media capitis deminu-*

tio : il lui sera défendu désormais de voter, de remplir des magistratures, et de servir dans les légions.

Quant au droit privé on peut poser en principe la règle que tous les actes du pur droit civil lui seront interdits : les droits qu'il aura appartiendront au *jus gentium* comme les droits des pérégrins. C'est ainsi que le *matrimonium*, ou droit de contracter des *justæ nuptiæ*, lui sera retiré : le mariage antérieurement contracté cesse d'être un mariage du droit civil, mais, si les époux le veulent, il continue d'être valable d'après le *jus gentium*, c'est ce que nous dit un texte d'Ulpien : « *Quod si deportata sit filiafamilias, Marcellus ait (quæ sententia vera est) non utique deportatione dissolvi matrimonium nam : cum libera mulier remaneat, nihil prohibet, et virum mariti affectionem, et mulierem uxoris animum retinere.* » (L 5 § 1, Dig. *De bon. dam.* XLVIII, 20). Ce n'est là qu'une application rationnelle des principes généraux ; mais ce même texte laisse subsister les droits dotaux : c'est là une véritable dérogation aux principes, car la dot exige toujours en droit romain l'existence d'un mariage civil.

Pour la restitution de la dot, si la femme a été condamnée à la déportation, si elle veut se séparer de son mari et qu'elle soit *filiafamilias*, son père a une action en répétition de la dot, action qui survit par une faveur spéciale ; si elle est *materfamilias*, le mari conserve la dot et à la dissolution du mariage on admet, *quasi humanitatis intuitu*, que l'action étant née au profit de la femme depuis la condamnation, constitue un bien nouveau sur lequel le fisc ne peut mettre la main (L 5 §. Dig. 1, *De bon. dam.* xlviii, 20).

Si c'est le père de la femme qui vient à être condamné, une sous-distinction est nécessaire : si la dot a été constituée, le fisc n'a aucune action pour son recouvrement : « *si pater qui pro filia dotem dedit, damnetur : nihil competit fisco, etiamsi in matrimonio postea filia decesserit, quo casu alias dos profectitia rediret ad patrem manebit ergo penes virum* » (L 8 § 4, Dig. *De bon. dam.* xlviii, 20) Si le père vient à être condamné après avoir promis une dot à sa fille, mais avant de l'avoir délivrée, le mari pourra la réclamer au fisc sur les biens confisqués (L. 10. pr. Dig. *De bon dam.* xlviii, 20). Si le père vient à être condamné après la dissolution du mariage mais avant d'avoir intenté l'action en répétition, deux cas peuvent se présenter (L 10 § 1, Dig. *De bon dam.* xlviii, 20).

On devra également retirer à celui qui a subi la *media capitis deminutio* le *commercium* qui seul permet d'acquérir le *dominium ex jure Quiritium* par la forme symbolique de la mancipation ; et du principe qu'il n'a pas la mancipation, on peut dire qu'il n'a pas non plus l'*in jure cessio*, l'*usucapio*, l'*adjudicatio*, et qu'il ne pourra pas devenir propriétaire par l'effet de la loi. Par suite, il est incapable de faire un testament et tout acte fondé sur la mancipation *per æs et libram*, d'y figurer comme témoin, et même de laisser un *fideicommis*. Il ne faut pas en conclure qu'il ne pourra rien posséder, il pourra avoir la propriété du droit des gens.

L'extinction de la puissance paternelle est aussi une conséquence de la *media capitis deminutio* ; le condamné, dit Gaius, est considéré comme mort, et ses enfants cessent d'être sous sa puissance : « *Nec enim ratio patitur, ut peregrinæ conditionis homo civem romanum in potestate habeat.* » (Gaius I, § 128) ; de même, ajoute le même jurisconsulte, si une personne en puissance est frappée de l'interdiction de l'eau et du feu, elle cesse d'être *in potestate*, car un pérégrin ne peut être sous la puissance d'un citoyen romain.

L'agnation du déporté est également détruite, car il n'y a pas d'agnation possible sans le titre de citoyen ; mais les textes nous disent aussi que la cognation n'existe plus : « *Sed et si in insulam quis deportatus sit, cognatio solvitur.* » (Inst. liv. I, tit. 16, § 6). Cette solution paraît bizarre, mais il faut faire, en réalité, une distinction : la cognation est détruite quant aux droits civils et effets juridiques qu'elle peut produire, c'est ainsi que le déporté ne pourra recueillir une succession à titre de cognat ; mais la cognation résultant des liens du sang est indestructible, c'est ainsi que, même après la *media capitis deminutio,* elle constituera une prohibition au mariage entre parents à un degré trop rapproché.

Le *capite minutus* perd ses *jura patronatus*, même quand la *capitis deminutio* a lieu pour un pérégrin qui devient citoyen romain, comme nous le montre le texte de Pline-le-Jeune cité plus haut. Ces droits de patronage cessent-ils d'exister ou bien passent-ils aux enfants du

condamné? Les textes nous donnent des solutions différentes: tandis qu'Alpheuus (L. 3, Dig. *De int. et rel.* XLVIII,
22), semble admettre la dernière proposition, Marcien
(L, 4, Dig. XXXVII, 14), et Paul (L. 4, § 2, *De bon. libert.* XXXVIII, 2), adoptent l'opinion contraire.

Du principe que le *capite minutus* perd le *commercium*
nous en avons conclu qu'il perd aussi toute *factio testamenti*, et que par suite son testament déjà fait devient *irritum*, à moins cependant que la condamnation n'ait eu lieu
pour délit militaire; c'est ce que nous dit Ulpien (L. 13,
§ 2, De test. milit. XXIX, 1) : « *Et deportati et fere omnes
qui testamenti factionem non habent, a milite heredes in-
stitui possunt ;* » et si le condamné n'a pas disposé de ses
biens, ils passeront aux héritiers légitimes ou aux agnats
jusqu'au cinquième degré, et à leur défaut seulement au
fisc (L. 2, Dig. *De veter. et mil. success.* XXXVIII, 12).

C'est là une exception, car en principe la confiscation
au profit du fisc accompagne la peine entraînant *media
capitis deminutio;* mais il était possible que l'Empereur
laissât au condamné les biens qui auraient dû lui être
enlevés, et dans ce cas le *capite minutus* pouvait être
poursuivi par ses créanciers au moyen d'actions utiles,
c'est ce que nous dit Ulpien : « *Qui civitatem amisit et
bona detinet, utilibus actionibus tenetur.* (L. 14, § 3,
Dig. *De interd. et releg.* XLVIII, 22). Quant aux biens acquis depuis sa condamnation, le condamné en jouit pendant sa vie, mais après sa mort ils font retour au fisc :
« *Quod si deportatus sit, quia civitatem amisit, heredem*

habere non potest, et adquisita fiscus accipit. « L. 7, § 5,
Dig. *De bon. dam.* XLVIII, 20).

Les Romains ne tardèrent pas à comprendre qu'en
confisquant les biens du condamné on frappait indirec-
tement et injustement les enfants ; aussi leur réserva-t-
on de bonne heure une partie des biens du condamné
(L. 7, pr. Dig. *De bon. Dam.* XLVIII, 20) ; on admit à
les recueillir les enfants conçus au moment de la condamnation (L. 1, § 1, Dig. *De bon. Dam.* XLVIII, 20), et
un texte de Paul admet également les enfants adoptifs,
pourvu que l'adoption n'ait pas été faite en fraude des
droits du fisc (L. 7, § 2, Dig. *De bon. Dam.* XLVIII, 20).

La quantité de biens laissée aux enfants subit des
variations : sous le triumvirat, les fils eurent un dixième
et les filles un douzième ; plus tard, une constitution de
Théodose et Valentinien accorda la moitié de la fortune
aux fils d'un déporté pour une cause autre que le crime de
lèse-majesté (L. 10, pr. § 1 à 3, Code IX, 49). Justinien
finit par supprimer la confiscation, sauf pour le crime de
lèse-majesté.

Les Institutes nous donnent comme modes d'extinction de l'usufruit la *maxima* et la *media capitis deminutio*
(Inst. *De usuf.* liv. II, tit. 4 § 3). Quant aux donations
entre époux à cause de mort, un texte d'Ulpien (L. 13 § 1
Dig De *don. inter vir. et unor.* XXIX, 1) nous dit que le condamné conservera jusqu'à sa mort le droit de les révo-
quer.

Quelle était la capacité du déporté pour faire valoir

ses droits en justice ? Tant qu'on admit la procédure des actions de la loi, les déportés, pas plus que les pérégrins, ne purent y figurer ; mais quand le système formulaire vint remplacer l'ancienne procédure, Ulpien nous apprend que le *capite minutus* pouvait agir comme défendeur (L. 14 § 3, Dig. *De interd. et releg.* XLVIII, 22). Faut-il en conclure a *contrario* qu'il lui était défendu d'y figurer comme demandeur? Si aucun texte ne lui permet d'agir en cette qualité, aucun texte non plus ne le lui défend, et il serait, à notre avis, conforme aux principes généraux, de lui reconnaître ce droit comme au pérégrin Toutefois des textes précis défendent d'appeler comme témoin un condamné à une peine capitale (L. 20. Dig. *De testib.* XXII, 5), et il est également défendu à l'individu frappé de *media capitis diminutio* de postuler pour autrui (L. 1, § 6, Dig. III. 1) ni de former une accusation criminelle (L. 5 § 1, Dig. *De just. jud.* XLVIII, 1).

Il nous faut examiner une question commune à la *maxima* et à la *media capitis deminutio*. A partir de quel moment la *capitis deminutio* produit-elle ses effets. Un texte d'Ulpien (L. 2, § 2, *De pœnis* XLVIII, 19) nous apprend que ce n'est pas du jour où a été commis le crime qui a entraîné *capitis deminutio*, mais du jour du jugement s'il n'y a pas eu appel, et du jour de la sentence d'appel s'il a été formé : *eum accipiemus damnatum qui non provocabit : cæterum si provocet nondum damnatus videtur... Damnatus enim ille est, ubi damnatio tenuit.* » Car l'appel suspend les effets de la condamnation, et l'arrêt confir-

matif n'a pas d'effet rétroactif (L. 6 § 1, Dig. *De his qui no-
tantur* III, 2). Nous tirerons de cette solution les conséquences suivantes que jusqu'à ce moment et, malgré la
perpétration du crime, le coupable peut recueillir des legs
et des successions ; s'il vient à mourir pendant cet espace
de temps, ses héritiers légitimes recueillent sa succession
s'il est *ab intestat*, et s'il a fait un testament, ce testament
est valable, à moins toutefois que le testateur ne se soit
suicidé par crainte de la condamnation, car dans ce cas
un texte de Marcien nous apprend qu'il ne peut y avoir
d'héritiers : « *Qui rei postulati, vel qui in scelere depre-
hendi, metu criminis imminentis mortem sibi conscive-
runt, heredem non habent* » (L. 3 pr. Dig. *De bon. eorum
qui.* XLVIII, 21).

L'auteur du crime peut donc, pendant cet intervalle,
aliéner ses biens à titre onéreux ou à titre gratuit : c'est
ce qu'on peut déduire par argument *a contrario* d'un texte
de *Pomponius*, qui regarde comme nulle cette aliénation
dans le cas de crime de lèse-majesté ou de concussion
(L. 20, Dig. *De accus.* XLVIII, 2); elle est donc licite quand
le crime commis n'est pas un de ceux mentionnés. Une
fois la condamnation prononcée, le condamné était à
l'égard du fisc comme un débiteur à l'égard de ses créanciers, c'est-à-dire que le fisc pouvait faire annuler les
aliénations faites en fraude de ses droits, comme un créancier exerçant l'action paulienne (L. 45 pr. Dig. *De jure
fisci* XLIX. 14). Il faut, bien entendu, faire les distinctions
ordinaires de l'action paulienne entre les actes à titre gra-

tuit et les actes à titre onéreux : c'est que les premiers sont présumés frauduleux jusqu'à preuve contraire (L. 15. Dig. *De donat.* xxxix, 5.), tandis que les seconds sont au contraire présumés faits de bonne foi (L. 10 § 2, Dig. Quæ in fraud. xlii, 8).

La grâce produit pour la *media capitis deminutio* les mêmes effets que pour la *maxima* : s'il y a remise des biens l'action directe est rendue aux créanciers, c'est une sorte de *postlimimium ;* mais si le condamné, exempté uniquement de la peine, ne recouvre-pas ses biens, ses dettes demeurent éteintes même naturellement. Aussi, s'il vient à reconstituer une nouvelle fortune, reste-t-il à l'abri des poursuites *quamvis locupletior sit.*

Pour la même raison une fidéjussion sera impossible, et la novation ne pourra s'effectuer si elle concerne une dette conditionnelle, et que le débiteur vienne à subir la déportation avant la réalisation de la condition.

Tels étaient à peu près les effets de la *media capitis deminutio* dans le cas où un citoyen romain perdait la *civitas.* Quand un pérégrin jouissant d'une *certa civitas* reconnue par Rome acquérait la *civitas romana,* il se produisait des effets de deux sortes : d'une part perte des droits attachés à la *certa civitas,* tels que les *jura patronatus* comme nous le montre la lettre de Pline-le-Jeune, et d'autre part acquisition des droits attachés au titre de *civis romanus,* tels que le *commercium,* la *factio testamenti* et, en général, des droits appartenant au *jus civile.*

CHAPITRE IV

Les Institutes nous donnent de la *minima capitis deminutio* la définition suivante : « *Minima capitis deminutio est, cum et civitas et libertas retinetur, sed status hominis commutatur : quod accidit in his qui, cum sui juris fuerunt, cœperunt alieno juri subjecti esse, vel contra : veluti si filiusfamilias a patre emancipatus fuerit, est capite minutus* » (Inst. liv. 1. tit. 16, § 3).

Justinien donne une définition trop peu générale quand il dit qu'il y a *minima capitis deminutio* toutes les fois qu'une personne *sui juris* devient *alieni juris* ou inversement quand un *alieni juris* devient *sui juris ;* il peut y avoir *minima capitis deminutio* bien que le *capite minutus* reste *alieni juris :* c'est ainsi que le fils de famille qui est donné en adoption, la *filiafamilias* qui tombe *in manum*, sont *capite minuti*, quoiqu'ils n'aient pas cessé d'être *alieni juris ;* et inversement il peut arriver qu'un individu devienne *sui juris* de *alieni juris* qu'il était auparavant sans qu'il y ait pour cela *minima capitis deminutio :* c'est ce qui arrivera quand le *paterfamilias* perdra sa *potestas* par un fait qui le concerne seul, quand il subira la *maxima* ou la *media capitis deminutio*, ou que ses enfants *in potestate* deviendront *sui juris* par la mort de ce *paterfamilias*.

Il y aura *minima capitis deminutio* toutes les fois que les deux premiers éléments *de status*, la *libertas* et la *civitas*, resteront intacts et que le dernier seul éprouvera un changement; et le mot *familia* doit, à notre avis, être pris dans le sens de réunion des *agnats* (195, Dig. *De verb. sign.* L. 16) ; or l'agnation constituant la famille civile, la rupture de ce lien entraîne la rupture de tous les autres, rapports civils de famille aussi bien du lien de *gentilitas* qui unit deux citoyens et des conséquences de ces liens, tutelle, succession, que du lien de puissance qui naît quand le lien d'agnation existe en ligne directe.

Il semble donc qu'on puisse dire qu'il y a *minima capitis deminutio* toutes les fois qu'il y a atteinte portée à a *familia* : toutefois il faut reconnaître que cette théorie n'est pas acceptée par tout le monde, et que certains auteurs, notamment M. de Savigny, ont exigé une autre condition, c'est que le changement de famille ait lieu *in deterius*, que le *capite minutus* ait, après ce changement, une condition inférieure à celle qu'il avait auparavant.

Cette opinion est la conséquence de la théorie générale de l'auteur allemand sur la *capitis deminutio* : suivant lui, étant donnés les trois éléments qui composent le *status*, il n'y aura *capitis deminutio* que si le changement est préjudiciable à celui qui le subit; il en est ainsi pour la *maxima* et pour la *media* (on sait que M. de Savigny refuse de voir une *capitis deminutio* pour le pérégrin qui acquiert la *civitas romana*), il doit en être de même pour la *minima*, rien n'indiquant une différence entre cette dernière proposition et les deux premières; au contraire le terme commun de *deminutio* (*de* et *minuere*, couper) semble désigner une diminution ou une perte.

L'opinion de M. de Savigny peut-elle s'appuyer sur des textes précis? Aucun auteur latin n'émet directement une semblable doctrine, mais les textes peuvent, d'après le commentateur allemand, se diviser en deux catégories: les uns représentent la *minima capitis deminutio* comme un changement de la famille des agnats, une *mutatio familiæ*; ils sont donc contraires à l'opinion de M. de Savigny puisqu'ils déclarent nettement qu'une situation *in deterius* n'est pas nécessaire; mais tous ces textes, nous dit l'auteur allemand, sont du jurisconsulte Paul, et représentent probablement une opinion qui lui est personnelle. Les autres textes parlent seulement de *mutatio status* sans trancher nettement la question; pour ceux-là M. de Savigny dit: « On doit adopter la définition de Gaïus et d'Ulpien, mais en la complétant de la manière suivante : on appelle *minima capitis deminutio* tout changement *de status* privé (des rapports de famille) qui entraîne une diminution de capacité de droit. » Ces principes posés, M. de Savigny nous fait choisir entre

les deux définitions : « L'une, celle de Paul, qui représente la *minima capitis deminutio* comme un changement de famille des agnats ; l'autre comme un changement de tout rapport de famille, définition que je complète ainsi : tout changement qui entraîne une diminution de capacité. » La manière de procéder de M. de Savigny est vraiment fort étrange : la définition de Paul
plus explicite, si l'on veut, que celle de Gaïus et d'Ulpien, n'est nullement en contradiction avec elle ; et il faut
que l'auteur allemand ajoute à cette dernière une proposition qui n'y est nullement contenue, pour soutenir son
opinion personnelle. Tout en trouvant peu logique cette
argumentation, examinons les arguments qu'il expose
pour soutenir que l'opinion de Paul (L. 11, *De cap min.*
iv, 5), est une opinion personnelle et non une opinion
commune, et déclarer qu'il faut compléter la définition de
Gaïus et d'Ulpien en indiquant l'idée d'état inférieur.

Tout d'abord M. de Savigny critique la signification
que Paul donne au mot *caput* en l'employant pour désigner les liens de famille : « On pourrait dire que *caput*
est synonyme de *status* et qu'il désigne la capacité de
droit. Ainsi s'expliquerait très bien la phraséologie de
capitis deminutio. Mais ces suppositions sont également
arbitraires et ne s'appuient sur aucune signification connue du mot *caput*. » Nous avons expliqué, dans les préliminaires de ce travail, le sens que certains auteurs ont
donné au mot *caput*, en appelant de ce nom la place occupée par chaque citoyen sur les registres du cens ; nous

avons montré que ce mot ne devait pas être pris dans ce cas avec cette signification ; mais nous irons plus loin, et nous dirons qu'en admettant que le mot *caput* ait eu cette signification, il cessa un jour de l'avoir, car quand le cens disparut, la *capitis deminutio* continua d'exister et les auteurs emploient indifféremment les mots *caput* et *status* comme synonymes, quand ils disent : *capitis deminutio est status mutatio*.

Le second argument de M. de Savigny est de voir dans l'opinion de Paul l'absence complète de logique.

La *maxima*, la *media* et la *minima capitis deminutio*, sont des espèces d'un même genre, elles doivent donc avoir un élément commun qui constitue l'essence du genre, et cet élément sera, dans le système de l'auteur allemand, la diminution de capacité qui se trouve dans chacun de ces trois changements. Cet argument qui tend à démontrer d'une part que la théorie de Paul n'est pas la théorie des jurisconsultes romains en général, et que d'autre part toute *capitis deminutio*, même *minima*, entraîne dégradation, n'est pas irréfutable. En effet, M. de Savigny semble considérer, dans les grandes *capitis deminutiones*, le changement d'état comme une conséquence de la *capitis deminutio* ; or, c'est le contraire qui a lieu, c'est le changement d'état qui entraîne *capitis deminutio* ; on n'est pas esclave parce qu'on devient *capite minutus*, on devient au contraire *capite minutus* parce qu'on tombe en esclavage, autrement ce serait prendre l'effet pour la cause. En admettant même que les trois aspects de la *capitis deminutio* doivent avoir un élément commun, est-il nécessaire de dire que cet élément doive être un état inférieur? ne peut-on pas considérer comme telle l'atteinte portée au *status du civis romanus* dans ses trois éléments.

Le troisième argument de la théorie de M. de Savigny s'appuie sur un texte du Digeste : « *Liberos qui adrogatum parentem sequuntur, placet minui caput, cum in aliena potestate sint, et cum familiam mutaverint. Emancipato filio, et cæteris personis, capitis minutio manifesto accidit : cum emancipari nemo possit, nisi in imaginariam servilem causam deductus.* » (L. 3, pr. § 1, Dig. *De cap. min.* IV, 5). Ce texte de Paul prévoit deux cas de *capitis deminutio*, le cas des enfants de l'adrogé qui sont *capite minuti* par l'adrogation de leur père, et celui du fils émancipé. Or, dit M. de Savigny, la première proposition est une opinion personnelle à Paul, la seconde, au contraire, est admise par tous les auteurs, et s'appuie sur ce fait que l'adrogé a subi une dégradation. Démontrons ces deux points : un mot indique que la première partie du texte représente une opinion personnelle à Paul, c'est le mot *placet*, d'autant plus qu'il est en opposition évidente avec une expression de la seconde partie du texte, *manifesto accidit*, ce qui fait bien ressortir la différence qui existe entre le cas des enfants de l'adrogé et les cas qui ne sont l'objet d'aucune controverse. De plus Paul, pour soutenir son opinion personnelle, invoque à la vérité une *mutatio familiæ*, mais cette raison ne

lui paraît pas suffisante car il l'appuie sur une autre assez singulièrement choisie : *cum in aliena potestate sint.*
Sans doute, avant et après l'adrogation, les enfants sont
in potestate, mais leur état ne varie pas, et l'on ne comprend guère comment cette continuation d'un même état
puisse servir à prouver une *capitis deminutio* qui a précisément pour caractère essentiel un changement d'état.
Quand au contraire Paul passe au cas de l'émancipé,
la raison qu'il donne de la *capitis deminutio* c'est qu'il y
a *imaginaria servilis causa ;* et il ajoute que le cas ne fait
de doute pour personne, *manifesto accidit.* La différence
est grande entre les deux parties du texte de Paul ; ses
hésitations dans la première, le mot *placet*, les arguments
qu'il donne pour soutenir son opinion, font contraste
avec la netteté de la seconde, qui exprime une opinion
admise par tous les jurisconsultes et soutenue par cet
argument, qu'il y a eu dégradation parce que l'émancipé
a été *in imaginariam servilem causam deductus.*

L'explication de M. de Savigny n'est pas la seule
qu'on puisse donner de ce texte. Il n'y a rien d'extraordinaire à ce qu'il y ait eu controverse pour savoir si les
enfants de l'adrogé subissent une *capitis deminutio*, car
ces enfants sont toujours *in aliena potestate*, et leurs
liens d'agnation ne sont rompus ni avec leur père, ni
entre eux, ni avec leurs enfants et leurs neveux ; mais il
est douteux qu'on puisse soutenir que ce soit là une opinion personnelle à Paul. En effet, s'il en était ainsi, le
jurisconsulte romain aurait dû employer les mots

mihi placet, et non le mot *placet* seul. Ce mot ne signifie-t-il pas plutôt qu'après quelques hésitations qui se comprennent facilement, les jurisconsultes avaient décidé qu'il y aurait *capitis deminutio minima*; puisqu'il y avait changement de famille. Le mot *placet* ne semble indiquer qu'une décision prise après réflexion, et ne montre pas qu'il y ait eu sur ce point une controverse, dont Paul nous aurait parlé et dont nous devrions trouver des traces dans les textes.

Quant à la seconde partie du texte et à l'opposition qu'on en fait avec la première, cela signifie, non pas que le premier cas soit controversé et que le second ne le soit pas, mais qu'il y a eu doute autrefois pour les enfants de l'adrogé, tandis que pour l'émancipation les auteurs ont toujours été d'accord. Quant au motif de la *capitis deminutio* donné par Paul pour l'émancipation, il faut entendre qu'au motif vrai pour lequel l'émancipé est *capite minutus*, c'est-à-dire à la *mutatio familiæ*, le jurisconsulte romain en ajoute un second, qu'il y a eu *in imaginariam servilem causam deductio :* et l'interprétation de M. de Savigny vient simplement prouver qu'une bonne cause perd à être soutenue par des arguments inutiles ou faux.

M. de Savigny oppose ensuite à la théorie de Paul des textes relatifs à la vestale et au flamen de Jupiter, déclarant que les personnes revêtues de ces dignités sortent de leur famille sans subir pour cela de *capitis deminutio.* Le premier de ces textes se trouve dans les Nuits Atti-

ques d'Aulu-Gelle : « *Virgo autem vestalis simul est cap-*
ta atque in atrium vestæ deductæ et pontificibus tradita ;
eo statim tempore sine emancipatione ac sine capitis mi-
nutione e patris potestate exit et jus testamenti faciundi
adipiscitur. — Præterea etiam in commentariis Labeonis
quæ ad Duodecim Tabulas composuit, ita scriptum est :
Virgo vestalis neque heres est cuiquam intestato, neque
intestatæ quisquam : sed bona ejus in publicum redigi
aiunt. Id jure fiat , quæritur. » (I, 12, §§ 9 et 18).
De plus Gaïus (Gaïus i, 145) nous dit que la vestale ne
tombe pas sous la tutelle des agnats et des gentiles.
Voici, dit M. de Savigny, les conclusions que· l'on en
peut faire : puisque la vestale n'a plus à subir la *patria*
potestas, qu'elle acquiert le droit de tester, et que, si
elle meurt *ab intestat*, elle n'a pas d'héritier, pas plus
du reste qu'elle n'a droit d'hériter *ab intestat* de qui que
ce soit, c'est qu'il y a rupture de la puissance paternelle
et rupture des liens d'agnation, en un mot il y a *mutatio*
status : mais les textes nous disent, d'autre part, qu'il n'y
a pas *capitis deminutio*, c'est donc que le simple changement de famille n'entraîne pas de lui-même *capitis de-*
minutio contrairement à la doctrine de Paul. Quant à la
phrase finale « *id quo jure fiat quæritur*, » elle se rapporte, non à la dissolution des liens de l'agnation sans
capitis deminutio, mais à la phrase « *sed bona ejus in*
publicum redigi aiunt. » En effet, cette solution est extraordinaire, car dans l'ancien droit, celui dont parle Labéon,
les successions sans héritiers étaient considérées comme

bicus sans maître, et c'est la loi *Julia caducaria* qui, la première, établit, nous dit Ulpien (Ulpien xxviii, 7), le principe général du retour à l'État.

On peut faire pour le Flamen-Dialis le même raisonnement que pour la Vestale : en effet, les textes (Gaïus iii, 114 et Ulpien x, 5) nous disent qu'il sort de la puissance paternelle sans subir pour cela de *capitis deminutio*. Ses liens d'agnation devaient être aussi rompus, car d'une part Ulpien (Ulp. x, 5) et Gaïus (Gaïus i, 130) mettent sur la même ligne le Flamen et la Vestale (et nous avons vu qu'il en était ainsi pour cette dernière), et d'autre part il y aurait inconséquence à dissoudre la puissance paternelle et à laisser subsister l'agnation ; d'ailleurs on ne sait dans quelle relation le fils se fût trouvé vis-à-vis du père, car on ne peut concevoir qu'il lui fût plus étrangers qu'aux autres agnats. Comme conclusion l'on peut dire que puisque les textes affirment qu'il n'y a pas pour le flamen *capitis deminutio* et que cependant il y a rupture des liens de l'agnation, c'est que contrairement à l'opinion de Paul la *status mutatio* n'entraîne pas à elle seule *capitis deminutio :* tel est le raisonnement de M. de Savigny.

Il est incontestable que la vestale et le flamen sortent de la puissance paternelle sans subir de *capitis deminutio*, les textes sont tous d'accord sur ce point. Mais il faut remarquer que nous sommes ici dans une matière exceptionnelle ; or, ces deux dignités sont les seules qui brisent les liens de la puissance paternelle, et cette dérogation aux règles ordinaires s'explique suffisamment par l'indépendance qu'exigeaient la dignité de ces sacerdoces et l'honneur que l'on voulait faire à ceux qui en étaient revêtus : c'est par cette dernière raison que Gaïus explique l'exonération pour les Vestales de la tutelle des femmes (Gaïus i, 145). Il est facile de comprendre pourquoi l'on accorde à ces personnes revêtues d'un caractère sacré, tous les avantages de la *capitis deminutio* sans les frapper de toutes les déchéances qu'elle entraîne ; et c'est dans ce sens qu'on doit entendre cette expression, que la puissance paternelle cesse sans qu'il y ait *capitis deminutio*.

Mais ce n'est pas la cessation de la puissance paternelle qui entraîne, d'après l'opinion que nous soutenons, la *capitis deminutio*, c'est la rupture des liens de famille agnatique ; or, cette rupture existe-t-elle pour le flamen et la vestale ? Pour le Flamen de Jupiter, M. de Savigny ne peut s'appuyer sur aucun texte précis ; son raisonnement est celui-ci : Gaïus et Ulpien mettent sur la même ligne le flamen et la vestale ; en outre, puisqu'il n'y a plus de puissance paternelle, c'est qu'il n'y a plus d'agnation entre le Flamen et son père, et si l'agnation n'existe pas entre eux, elle ne pas exister entre les autres membres de la famille. Il nous faut examiner ces trois propositions : En supposant même (ce que nous démontrerons plus tard ne pas exister) que la Vestale ne soit plus liée par les liens de l'agnation, est-ce nécessairement parce qu'il en est de même pour le Flamen, que Gaïus et Ul-

pien mettent sur la même ligne le Flamen et la Vestale ?
n'est-ce pas plutôt parce que tous les deux sont délivrés
honoris causa de la puissance paternelle, sans se préoccuper de la raison qui a amené cette libération : ce serait
alors conclure de la similitude d'effets à la similitude
de causes, ce qui peut être faux.

Du principe que la puissance paternelle n'existe plus,
pourquoi conclure qu'il y a rupture des liens de l'agnation avec le père ? aucun texte ne l'indique, ni même ne
le fait supposer, et s'il est vrai que la rupture des liens
de l'agnation entraîne la rupture des liens de la puissance paternelle, l'inverse peut ne pas être vrai ; le caractère sacré du Flamen, et l'indépendance qu'il exige, ne
suffisent-ils pas à expliquer cette anomalie ? Au bas-
empire nous voyons le patrice et l'évêque conserver leur
qualité d'agnats bien qu'exonérés de la puissance paternelle, pourquoi n'aurait-il pas été de même du flamen ?
Si nous n'admettons pas qu'il y ait rupture des liens
d'agnation entre le flamen et son père, nous ne l'admettrons pas à plus forte raison entre le Flamen et ses
autres agnats ? A notre avis, le Flamen est exonéré de
la puissance paternelle à cause de son caractère sacré ;
c'est une raison analogue qui a fait, nous dit Gaïus, exoné-
rer la vestale de la tutelle, et c'est ce qui existait pour le
patrice et l'évêque au bas-empire ; mais il n'y a pas rupture des liens de l'agnation, et c'est pourquoi il n'y a pas
capitis deminutio : il est donc inexact de dire avec M. de
Savigny que c'est parce qu'il n'y a pas d'état inférieur.

On peut faire pour la Vestale un raisonnement analogue : si on l'exonère de la puissance paternelle, si on lui permet de faire un testament, ce n'est pas parce qu'il y a rupture des liens de l'agnation, c'est à cause du caractère sacré dont elle est revêtue et qui ne permet pas, nous dit Gaïus, de la laisser en tutelle : « *Loquimur autem exceptis virginibus vestalibus, quas etiam veteres in honorem sacerdotii liberas esse voluerunt* ». (Gaïus i. 145). Si la rupture des biens successoraux était amenée par la rupture des biens de l'agnation, pourquoi les textes ne nous auraient-ils pas donné la cause au lieu de nous donner les effets, et pourquoi l'auteur latin aurait-il exprimé son étonnement devant cette disparition des droits de succession, si cette disparition avait eu une cause ordinaire comme le serait la rupture des biens d'agnation ; car quand M. de Savigny dit que les mots « *id quod jure fiat quæritur* », se rapportent à l'attribution des biens à l'Etat, c'est une explication bien difficile à accepter, car à l'époque d'Aulu-Gelle, comme à celle de Labéon, l'attribution des biens sans maître à l'Etat était devenue la règle.

Du reste, la théorie de M. de Savigny aboutit à des difficultés dont il ne peut se tirer que par des arguments peu probants. Aussi pour l'émancipation, puisqu'il n'y a pas situation *in deterius*, il ne devrait pas y avoir *capitis deminutio ;* cependant tous les textes sans exception émettent l'opinion contraire ; pour mettre en parfait accord sa théorie avec les textes, l'auteur allemand recherche quelle peut être la situation inférieure, et la voit dans la forme exigée pour l'émancipation, dans la *mancipii causa*. N'est-il pas bizarre que ce ne soit pas le fait lui-même qui produise des effets, mais les formes employées pour y parvenir ?

Cette théorie est contraire aux textes : c'est ainsi qu'Ulpien nous dit que la *manus* entraîne le *minima capitis deminutio* (Ulpien xi, 13) sans faire de distinction, et M. de Savigny est obligé par son système de distinguer, contrairement à ce texte et sans pouvoir s'appuyer sur aucun autre, entre le cas où la femme est *sui juris*, celui où elle est *alieni juris* et déclarer qu'il y a *capitis deminutio* dans le premier cas et non dans le second.

Enfin nous pouvons appuyer notre théorie sur deux arguments tirés des textes : d'une part Paul dans la loi 11 Dig. liv. iv, 5, emploie le mot *constat* en exposant sa doctrine, et d'autre part la place de la *capitis deminutio* dans les Instituts après la tutelle légitime des agnats, suppose la sortie de l'agnat de sa famille.

Ces conséquences contraires aux textes, ainsi que la faiblesse des arguments par lesquels M. de Savigny soutient sa théorie, nous permettent de dire que la doctrine de Paul est celle des jurisconsultes romains : toute *familiæ mutatio* entraîne *capitis deminutio*, sans qu'il y ait à distinguer s'il y a ou non situation *in deterius*. Etant donnée cette définition, nous allons rechercher et énumérer les cas où il y a *minima capitis deminutio*.

CHAPITRE V

Ces cas assez nombreux peuvent dépendre d'un des faits juridiques suivants :

1° Il n'est pas douteux que le *mancipium* entraîne *minima capitis deminutio*, mais tandis que notre système y voit pour cause la rupture de liens de l'agnation, M. de Savigny déclare que c'est parce que celui qui a subi le *mancipium* est tombé dans la dépendance domestique *loco servi*. Du reste le *mancipium* entraîne toujours *capitis deminutio*, qu'il soit constitué comme état durable ou comme moyen d'arriver à un but juridique : c'est par cette argumentation que M. de Savigny va expliquer comme nous le verrons, qu'il y a *capitis deminutio* dans l'adoption et l'émancipation.

2° L'adrogation emporte toujours *minima capitis deminutio* même dans le système que nous avons combattu, de M. de Savigny, car, dit cet auteur (pag. 457) il perd la capacité de droit attachée à l'indépendance, et il sort de son agnation de naissance : pour nous, la seconde raison nous suffira.

Quant aux enfants de l'adrogé, un texte de Paul nous dit... *Liberos qui adrogatum parentem sequuntur, placet minui caput cum in aliena potestate sint, et cum familiam mutaverint..* (L 3, pr. iv, 5). Nous pensons que Paul exprime ici l'opinion généralement admise, et base cette *minima capitis deminutio* sur la *mutatio familiæ ;* mais nous avons vu que M. de Savigny invoque au contraire ce texte, pour démontrer que c'est là une opinion personnelle à Paul, et pour déclarer qu'il n'y a pas *capitis deminutio* parce qu'il n'y a pas changement *in deterius.* Mentionnons une théorie qui, tout en rejetant la définition de la *minima capitis deminutio* comme *familiæ mutatio*, partage l'opinion de Paul en ce qui regarde la situation des enfants de l'adrogé. C'est ainsi que Deiters attribue au petit-fils un *caput impeditum*, parce qu'il est plus éloigné d'un degré de l'indépendance ; mais comme le fait fort bien remarquer M. de Savigny (p. 457 not. a), cela n'a pas rapport à l'état actuel et ne touche que l'expectative de l'indépendance à venir : or, pour le fils de l'adrogé, l'adrogation peut éloigner cette expectative, mais cette possibilité est peu vraisemblable, car dans l'ordre de la nature, l'adrogeant doit mourir avant l'adrogé.

L'adoption en droit classique entraîne toujours *minima capitis deminutio*, car elle consiste essentiellement dans un changement de famille ; mais tandis que la plupart des auteurs, suivant l'opinion de Paul, rapportent cette *capitis deminutio* à la rupture des liens de l'agnation, M. de Savigny cherche dans les formes de l'adoption la cause de cette *capitis deminutio*, et il la trouve dans l'*imaginariam servilem causam deductio*, c'est-à-dire le *mancipium*, par laquelle passe le *filius familias* pour être adopté.

A l'époque de Justinien, l'adoption n'entraîne pas toujours rupture des biens de l'agnation ; toutes les fois que l'adoptant sera un *extraneus*, et que l'adopté sera soit un enfant au premier degré, soit un descendant ultérieur mais actuellement placé sous la puissance immédiate du père de famille, l'adopté reste dans sa famille originaire. Au contraire, si c'est un ascendant qui adopte, ce qui pourra arriver quand l'adoptant sera un ascendant maternel, ou bien un aïeul paternel qui a émancipé son fils et qui adopte son petit-fils conçu *ex filio jam emancipato*, ou bien quand un aïeul donnera en adoption à son fils émancipé le petit-fils conçu de celui-ci *ante emancipationem patris*, dans toutes ces hypothèses, l'adoption conservera son ancien effet, qui est d'entraîner une *minima capitis deminutio* comme conséquence de la *mutatio familiæ*. Enfin si l'adoptant est un *extraneus*, mais que l'adoption s'applique à un petit-fils placé sous la puissance de son aïeul et dont le père est encore *in familia*, il faut distinguer quel est du père ou de l'aïeul celui qui mourra le premier ; Justinien décide (L. 10 § 4, Code De adopt. viii, 48) que dans le premier cas il n'y aura pas de changement de famille et par suite pas de *minima capitis deminutio*, tandis que ce changement existera au contraire dans le second. Nous ne discuterons pas ici le système adopté par Justinien qui peut aboutir à une iniquité irrémédiable.

M. de Savigny ne voyant de *capitis deminutio* dans l'adoption que parce que le fils passe *in mancipio*, déclare que l'adoption sous Justinien ne peut amener un semblable effet, puisque les formes du *mancipium* n'existent plus à cette époque.

Quant aux enfants de l'adopté, il ne peut être question pour eux de *capitis deminutio,* car l'adoption de leur père ne les touche en aucune façon : ils restent sous la puissance de leur aïeul comme ils l'étaient auparavant, seulement, à la mort de celui-ci, ils deviendront *sui juris* au lieu d'être *sub patria potestate patris.*

Quant à l'émancipation, les textes (L. 3 pr. et § 1 iv. 5, et Gaïus 1, 132) ne laissent aucun doute : il y a toujours *minima capitis deminutio ;* mais, tandis que selon la théorie la plus généralement admise nous attribuons cette *capitis deminutio* à la rupture des liens de l'agnation, M. de Savigny, comme nous l'avons vu, la fait résulter des formes employées pour arriver à l'émancipation : il invoque pour cela un texte de Paul déjà cité où ce jurisconsulte déclare qu'il y a dans l'émancipation une *imaginaria servilis causa* : cette argumentation semble bizarre, d'abord parce que Paul ne donne pas ce motif comme unique raison de la *capitis deminutio,* mais qu'il y a, ajoute-t-il, *familiæ mutatio,* et ensuite parce que l'auteur allemand se sert d'un texte de Paul pour combattre la théorie de ce jurisconsulte. Si l'on poussait jusqu'à ses dernières limites la théorie de M. de Savigny, il faudrait déclarer que, puisque sous Justinien l'émancipation ne se fait plus par *mancipium*, mais se réalise par la déclaration devant le magistrat, il n'y a plus de *capitis deminutio*, et cependant les Institutes (Inst. 1, 16 § 3) nous déclarent formellement le contraire. Cette raison ne suffirait-elle pas à elle seule pour faire rejeter la théorie que nous avons combattue ?

Les femmes qui tombent *in manum mariti* subissent une *minima capitis deminutio*, sans qu'il y ait à distinguer si elles sont *alieni vel sui juris*. Toutefois cette théorie, conforme aux textes, n'a pas été admise par M. de Savigny. Malgré le texte si formel d'Ulpien, *Minima capitis deminutio est, per quam, et civitate et libertate salva, status duntaxat hominis mutatur : quod fit adoptione et in manum conventione.* » (Ulpien xi, 13), M. de Savigny fait une distinction, inconnue des jurisconsultes romains, entre la femme *alieni juris* et la femme *sui juris*. Dans le premier cas l'*in manum* aurait toujours pour résultat d'entraîner une *minima capitis deminutio* puisqu'il y a situation *in deterius*, tandis que dans le second cette dégradation n'existant pas, il n'y a pas *capitis deminutio* pour la femme qui de l'*in patria potestate* tombe *in manum*, du moins par les deux modes suivants, l'*usus* et la *conferreatio*. Quant à la femme qui tombe *in manum* par *co emptio*, M. de Savigny ne se prononce pas : en effet, il reconnaît que le texte de Gaïus (Gaïus 1, 113) qui rapporte que la *co emptio* se faisait par mancipation, ne nous fait pas savoir si cette mancipation, comme celle du fils, faisait passer la femme par une condition inférieure, et dans le silence du texte il ne nous donne pas de solution.

Si la femme sort de la *manus*, il y aura dans notre système *capitis deminutio* parce qu'il y aura changement de famille : dans le système contraire cette *capitis deminutio* n'existera pas quand la *manus* sera dissoute par la *differreatio*, mais quand elle le sera par une mancipation suivie d'un affranchissement, la solution qu'on donnera dépendra de la question de savoir quel caractère on doit donner à cette mancipation.

A côté de cette *in manum conventio matrimonii causa,* il y en avait une autre *fiduciæ causa* qui ne pouvait s'établir que par la *co emptio*, et la femme qui y a été soumise subit une *capitis deminutio*, car, nous dit Gaïus. (ɪ 115 a), les femmes ne se soumettaient à cette *manus* que pour pouvoir tester ; or, nous dit Aulu-Gelle (Aulu-Gelle ɪ, 12, § 9) elles acquéraient cette capacité par une *minima capitis deminutio*; ce qui s'explique facilement dans notre système parce que la femme a changé de famille. Le système de M. de Savigny aboutit aux conséquences suivantes : cette *manus* ne pouvait s'établir que par *co emptio*; or, il est logique d'admettre que la mancipation qui fait sortir la femme de la *manus* doit avoir les mêmes caractères que celle qui l'y fait tomber : or puisque la première entraîne *capitis deminutio*, il faut admettre qu'il en est de même pour la seconde.

La légitimation entraînait également *minima capitis deminutio*, mais il ne faut pas prendre ce nom de légitimation dans le seul sens que nous lui donnons aujourd'hui. A l'époque du droit classique, on appelait
ainsi le fait qui faisait acquérir la *patria potestas* du *jus
civile* sur des enfants qui jusqu'alors en avaient été
exemptés, bien qu'ils ne fussent pas nés hors mariage : ce
qui a lieu dans trois hypothèses, celle de la *causæ probatio* (Gaïus 1, 29 et 30), celle d'un pérégrin qui deman-
dant le droit de cité pour lui-même, sa femme et ses enfants, demande en même temps et obtient la puissance
paternelle sur ces derniers (Gaïus, 1, 93 et 94), enfin
celle de *l'erroris causæ probatio* (Gaïus, 1, 67 à 72).

A l'époque du bas-empire, tous les habitants
ayant la qualité de citoyens romains avaient la *patria potestas*, aussi le mot légitimation a-t-il complètement changé de sens, et a la même signification que
dans le droit moderne ; rappelons simplement que la
légitimation avait lieu par mariage subséquent (Inst. 1,
10, § 13), par rescrit du prince (Nov. 74 cap. 1 et 2) ou
par oblation à la curie (L. 3, Code *De nat. lib.* v, 27).

Tous les systèmes sont d'accord pour reconnaître que
la légitimation entraîne *minima capitis deminutio,* mais
tandis que M. de Savigny y voit comme cause le changement de l'indépendance en dépendance, la plupart des
auteurs regardent comme tel le changement d'état lui-
même, et non le changement de capacité.

Toutefois un doute peut subsister pour l'oblation à la

curie : elle n'entraîne pas la même plénitude d'effets que
la légitimation par mariage subséquent : l'enfant n'entre
pas dans la famille du père, ne lui emprunte pas ces
liens d'agnation, et si le texte des Institutes (Inst. i, 10,
§ 13) n'affirmait pas que l'oblation à la curie engendre
la puissance paternelle, on croirait volontiers qu'elle n'a
d'autre effet que de rendre l'enfant héritier de son père.
La raison en est, je crois, à ce que cette oblation à la
curie est une institution du bas-empire, par conséquent
d'une époque où les liens de l'*agnatio* étaient de plus en
plus effacés par les liens de la *cognatio ;* la *capitis deminutio* était alors une institution perdant de plus en plus
de son importance ; aussi le législateur, après avoir statué
sur la puissance paternelle et sur les droits de succession, ne se préoccupe-t-il pas de savoir si cette institution nouvelle entraînera *capitis deminutio*.

Nous ne parlerons pas de la consécration du Flamen
de Jupiter ni de la nomination de la Vestale : nous avons
vu qu'elles n'entraînaient pas *capitis deminutio,* mais
nous avons montré que ce n'est pas parce qu'il y avait situation supérieure au lieu d'une situation *in deterius,*
comme le dit M. de Savigny, mais parce qu'il n'y avait
pas rupture des liens de l'agnation.

Que dirons-nous du prodigue ? Il est certain que
sa capacité est bien amoindrie puisqu'il est en *curatelle,*
et qu'il perd la faculté de faire tous les actes qui rendent
sa condition pire : mais faut-il décider qu'il y a *capitis
deminutio ?* Il n'y a, suivant notre système, de *capitis*

deminutio que quand il y a *mutatio* dans un des trois éléments qui composent le *status* du citoyen romain, la *libertas*, la *civitas*, et la *familia*. On peut dire que, malgré les incapacités dont est frappé le prodigue, son *status* reste intact, il faut donc en conclure qu'il ne subit pas de *capitis deminutio*. Notre solution est du reste conforme aux textes dont aucun ne parle de *capitis deminutio* dans ce cas.

Quant à l'infamie, elle entraînait la perte de certains attributs de la qualité de citoyen, mais ne faisait pas perdre cette qualité elle-même, aussi ne semble-t-il pas qu'elle entraînait *capitis deminutio;* mais sans chercher à résoudre cette question ; il est certain qu'elle ne portait pas atteinte aux droits de famille, par suite elle n'emportait jamais *minima capitis deminutio.*

CHAPITRE VI

EFFETS DE LA MINIMA CAPITIS DEMINUTIO SUR LES DROITS
ATTACHÉS A LA PERSONNE

Le *civis romanus* frappé de *minima capitis deminutio*
ne subit de *mutatio* dans son *status* que pour le troisième
élément, la *familia;* aussi puisqu'il reste libre et citoyen
romain, tous les privilèges attachés à ces deux titres
subsistent-ils complètement : il continuera donc de
jouir de tous ses droits publics et politiques, *jus militiæ,*
jus honorum, jus suffragii, etc. Au contraire les liens qui
constituaient la *familia* sont tous brisés, qu'ils soient relatifs à la *patria potestas,* soit à l'agnation et à la *gentili-*
tas, soit aux *jura patronatus.*

La *capitis deminutio minima* atteint presque toujours
la *patria potestas,* mais de plusieurs manières : si d'un
alieni juris elle fait un *sui juris,* comme dans l'émancipation, il y a rupture des liens de cette *potestas;* si au
contraire d'un *sui juris* elle fait un *alieni juris,* comme
pour la légitimation ou l'adrogation, elle engendre cette
patria potestas; enfin elle peut en changer le titulaire

dans le cas d'adoption, d'adrogation ou de légitimation pour les enfants de l'adrogé et de l'émancipé. On pourrait dire que pour la femme *sui juris* tombant *in manum mariti,* la *patria potestas* n'est pas atteinte ; cela est vrai rigoureusement parlant, mais la *manus* étant, au point de vue de ses effets, analogue à la *patria potestas,* il y a en réalité atteinte à cette *potestas,* car la femme change de famille.

La création de la *patria potestas* par la *minima capitis deminutio* produit les mêmes effets que si celui au profit duquel elle existe devenait père d'un enfant né *ex justis nuptiis.* Il y a agnation d'héritier sien, d'où les conséquences suivantes : le testament de celui au profit duquel est créée cette *patria potestas* est *ruptum* (Gaius, II. 138 et 142). Un sénatusconsulte rendu sur la proposition d'Adrien décida que le testament ne serait plus *ruptum* dans le cas spécial où *l'erroris causæ probatio* n'aurait eu lieu qu'après la mort du père, c'est-à-dire à une époque où le testament ne pouvait plus être refait (Gaïus, II 143). Cette règle est certainement exceptionnelle à l'époque de Gaius, mais la question est de savoir si la règle constatée par ce jurisconsulte fut généralisée après lui. Deux textes, l'un de *Scœvola* (L. 18, XXVIII, 3), l'autre de Papinien (L. 23 § 1, *de lib. et post.* XXVIII, 2), le premier avec quelque hésitation, mais le second très catégoriquement, décident que lorsque le testateur adopte ou adroge une personne qu'il a déjà instituée, son testament n'est pas *ruptum* pour cette cause. Et

comme il n'y a pas de raison pour soumettre ces hypothèses à des règles spéciales, il est probable que, dans le
dernier état du droit classique, le testament subsiste toujours nonobstant l'agnation ou la quasi-agnation d'un
suus déjà institué.

Mais si le testateur adroge une personne qu'il a antérieurement exhérédée, son testament, nous disent les
textes, subsiste bien dans le cas exceptionnel où l'adrogé
est un descendant qu'il avait émancipé (L. 23, pr. *De lib.
et post.* xxviii, 2), mais est rompu si cet adrogé est un
extraneus (L. 8, § 8 *De bon. poss. cont. tab.* xxxvii, 4).
C'est donc qu'en principe une exhérédation anticipée ne
prévient pas la rupture, et en effet l'exhérédation n'a de
sens qu'à l'égard de ceux qui ont actuellement la qualité
de *sui heredes*, et qui peuvent se dire copropriétaires des
biens du testateur.

La création de la puissance paternelle par suite de
minima capitis deminutio ayant pour résultat de faire du
capite minutus un héritier sien, le fait concourir à la succession avec les enfants héritiers siens en vertu de leur
naissance, et, s'il n'en existe pas, le fait héritier aux
dépens des agnats qu'il écarte complètement, et même du
patron si l'adoptant est un affranchi sans enfants. Ce
dernier résultat avait paru (Gaïus iii, 40) tellement bles-
ser les idées juridiques des Romains, que le préteur donnait dans ce cas au patron une action utile (Gaius iii, 41)
pour recueillir la moitié de la succession : c'est la *bonorum possessio contra tabulas dimidiæ partis*. La rup-

ture des liens de la puissance paternelle par suite de *capitis deminutio* avait au contraire pour effet de faire considérer le *capite minutus* comme un véritable extraneus vis-à-vis de celui qui avait auparavant sur lui la *patria potestas*. Il n'était plus appelé à la succession qui était dévolue à ses frères et sœurs restés *in potestate*, et à leur défaut aux agnats. Cependant ce principe parut bientôt arbitraire, et fut combattu par le préteur et les empereurs. Le préteur imagina par une *restitutio in integrum sine cognita causa* de faire venir les enfants émancipés et restés *sui juris* à la succession de leur père naturel comme s'ils étaient restés *in patria potestate* (Inst III. 1 § 9), de façon à concourir avec leurs frères et sœurs ou à écarter les agnats. Cette *in integrum restitutio* était très favorable en ce sens qu'elle était donnée de plein droit en vertu de l'édit et sans demande (L. 2, § 1 et 2 Dig. XXXVIII. 2) mais elle soumettait à la *collatio bonorum* les enfants émancipés qui venaient en concours avec ceux restés *in potestate*. Mais le préteur ne donnait pas cette *bonorum possessio contra tabulas* ou *unde liberi* aux enfants qui étaient *in adoptiva familia*, parce qu'ils avaient comme compensation un droit à la succession de l'adoptant. Toutefois, il pouvait arriver qu'ils fussent, après la mort de leur père naturel, émancipés par leur père adoptif, et perdissent ainsi leurs droits aux deux successions : c'est pourquoi Justinien créa l'adoption *minus plena* qui ne faisait pas perdre à l'enfant donné en adoption à un *extraneus* par son père, ses droits à la succession de celui-ci sauf dans deux cas ; mais l'empereur n'avait pas prévu le cas où l'émancipé se donnerait en adrogation ; nous croyons, dans le silence des textes, qu'il avait perdu tout droit à la succession de son père naturel, car il devenait *alieni juris* de sa propre volonté.

Le second effet de la *minima capitis deminutio* est de détruire les liens de l'agnation ; le *capite minutus* perd tout droit aux successions auxquelles sa qualité d'agnat aurait pu l'appeler, et enlève tout droit pour la sienne à ceux qu'auraient été appelés à la partager à titre d'agnats. Cette perte des droits de succession entre agnats était moins choquante que la perte des droits de succession entre descendants directs ; aussi les préteurs ne créèrent-ils pas une *in integrum restitutio* comme ils l'avaient fait pour l'enfant frappé de *minima capitis deminutio*, car à l'idée de succession par lien de parenté civile se substituait peu à peu l'idée de succession par lien de parenté naturelle : aussi refusèrent-ils aux agnats *capite minuti* la *bonorum possessio unde legitimi* pour ne leur donner comme aux autres cognats que la *bonorum possessio unde cognati* (Gaïus III, 27). Toutefois les empereurs corrigèrent le droit prétorien en ce qui concerne les frères et sœurs ; l'empereur Anastase (1 Inst. III. 5) appela les frères et sœurs émancipés, mais non leurs enfants, à la succession de leur frère prédécédé ; leur droit était diminué d'un tiers de ce qu'ils auraient eu s'ils étaient restés *in familia*, quand ils concouraient avec des frères n'ayant pas subi de *capitis deminutio ;* ce fut Justinien qui fit disparaître cette différence, (4. Inst. iii, 2).

Une autre conséquence de la *minima capitis deminutio* est l'extinction de la tutelle : nous ne parlons pas de l'extinction de la *capitis deminutio* subie par le pupille, car c'est forcément une adrogation puisque la tutelle ne s'applique qu'aux *sui juris*, et alors la tutelle s'éteint non par suite de la rupture des liens d'agnation, mais parce que la pupille devient *alieni juris*. Si le tuteur subit une *minima capitis deminutio*, il y a extinction de la tutelle, mais seulement, nous disent les Institutes (4, Inst. i, 22), s'il s'agit d'une tutelle légitime, et il faut entendre par là la tutelle des agnats, celle des gentiles, des patrons, du *manumissor extraneus*, et des ascendants. Car ces tutelles sont fondées sur le principe : *ubi emolumentum successionis ibi et onus esse debet*, et comme ce droit de succession disparaît, comme nous venons de le voir, le droit de tutelle doit également disparaître.

Sous Justinien l'agnation disparaît pour faire place à la cognation : par suite, la tutelle légitime des agnats devient la tutelle légitime des cognats en vertu du même principe: *ubi emolumentum.,...* ; or, comme la cognation survit à la *capitis deminutio,* la tutelle qui en est la conséquence continue de subsister.

La gentilité disparaît aussi par suite de la *minima capitis deminutio.* C'est ce que nous dit Cicéron : « *Gentiles sunt qui inter se eodem nomine sunt ; non satis est :*

qui ingenuis oriundi sunt. Ne id quidem satis est: quorum majorum nemo servitutem servivit. Abest etiam nunc: qui capite non sunt deminuti. Hoc forlasse satis est. » (Cic. Top. 6). La gentilité sera rompue par suite de la *capitis deminutio* des membres supérieurs de la gens comme par celle des membres inférieurs, et cela quel que soit le système que l'on adopte pour expliquer cette institution romaine.

Gaïus nous dit (Gaïus iii, 51), que la *capitis deminutio* entraînait extinction des *jura patronatus*, c'est-à-dire pour le patron la perte de tous ses droits, et pour l'affranchi libération de toutes les obligations qui étaient la conséquence médiate ou immédiate de l'affranchissement; une seule subsiste, c'est la *reverentia* qui ne disparaît pas par la *minima capitis deminutio* et continue d'exister pour le patron qui n'a perdu ni la *libertas* ni la *civitas* (L. 10, § 2 et 6. *De in jus voc.* ii, 4). Il en est ainsi quelle que soit la personne frappée de *capitis deminutio*, que ce soit le patron ou l'affranchi. Tout ce qui peut être dit des *jura patronatus* peut l'être également des *quasi jura patronatus* qui appartiennent au *manumissor* de l'émancipé et à ses héritiers.

Pour les droits de succession du patron et de ses héritiers en cas de *minima capitis deminutio*, si le *de cujus* était un affranchi, le préteur corrigeait les rigueurs du droit civil en donnant au patron et à ses héritiers une *bonorum possessio unde patronus, patrona liberique et parentes eorum* (3. Inst. iii, 9): si c'était un émancipé, les droits de succession du *quasi* patron n'étaient pas atteints quand le *manumissor* était le père, car dans ce cas il avait la *bonorum possessio unde decem personæ* ; quand le *manumissor* était *extraneus,* le préteur, loin de seconder ses intérêts, les combattait au contraire (4 Inst. III, 9). Quant à la tutelle des affranchis, les principes étaient les mêmes que pour la tutelle des agnats.

Le testament du *capite minutus,* nous dit Gaïus (Gaïus II, 145, 146), devient *irritum* ; il est non avenu selon le droit civil, et doit être refait si son auteur a conservé la capacité de tester. Toutefois si le fils qui a disposé par testament de son pécule *catrens* vient à être émancipé, son testament n'est pas *irritum.* Ce n'est pas là à proprement parler une atteinte aux principes, puisque relativement à ce pécule, le fils de famille est *loco patrisfamilias ;* il n'en est pas de même pour le cas prévu par les Institutes (6 Inst. II, 17) : le testament devenu *irritum* par suite de la *minima capitis deminutio* peut produire son effet pourvu qu'il renferme le cachet de sept témoins et que le *capite minutus* meure *sui juris.* En réalité c'est là moins une exception aux principes qu'un correctif apporté par le préteur. Il semble qu'il faille, en outre, comme Papinien le dit spécialement pour l'adrogé (L. 11, § 2. *De bon poss.* XXXVII, 11), que le testateur ait manifesté la volonté de conserver telles quelles ses dispositions.

Il y a des droits relatifs à la personne que la *minima capitis deminutio* ne fait pas disparaître : c'est ainsi que le mariage civil contracté avant cette *capitis deminutio* n'en reçoit aucune atteinte : pour l'adrogation et l'émancipation complète, cela est évident ; mais pendant l'état intermédiaire de la *mancipii causa* on aurait pu en douter ; le cas toutefois est formellement prévu par Gaïus (Gaïus 1, 135) qui nous dit qu'un enfant conçu *in mancipio* est *in patria potestate*, tantôt sous la puissance de *l'avus*, tantôt sous celle du *pater*. Il était en effet inutile de rompre le mariage, puisque les époux conservant le *connubium* auraient eu le droit de former aussitôt une union identique. Au maintien du mariage, nous devons rattacher comme conséquence l'obligation pour le mari de restituer la dot même après sa *capitis deminutio*.

La cognation subsiste aussi, car si une institution civile peut faire disparaître des liens établis par la loi civile tels que l'agnation, elle ne peut faire disparaître les liens naturels comme la cognation. Aussi voit-on dans l'histoire du droit romain, à mesure que l'idée de cognation se substitue à celle d'agnation, le préteur corriger le droit civil par des *bonorum possessiones*, et combattre ainsi les effets désastreux au point de vue successoral qu'entraîne le *capitis deminutio*, jusqu'à ce que, sous Justinien, la cognation soit seule prise en considération pour la dévolution des successions : or, comme elle ne subit aucune atteinte par la *capitis deminutio*, on peut dire que dans le dernier état du droit la *capitis deminutio minima* n'apporte aucun changement dans l'ordre des héritiers ; c'est parce que la cognation subsiste mal-

gré la *capitis deminutio* que l'obligation réciproque d'aliments continue d'exister entre ascendants et descendants
(L. 5 § 1 *De agnosc.* xxv, 3). Gaïus (Gaïus i, 158) dit que la
cognatio subsiste malgré la *capitis deminutio*, que ce soit
la *maxima*, la *media*, ou la *minima;* Justinien (6 Inst. liv.
I tit. 16) pose au contraire en principe que la *minima* seule
la laisse subsister : il n'y a pas, comme on pourrait le
croire, contradiction entre ces deux jurisconsultes. Le
dernier se place au point de vue du droit de succession,
tandis que le premier envisage la cognation au point de
vue des liens du sang : or, certainement les obstacles au
connubium résultant de la cognatio entre le *capite minu-*
tus et ses cognates au degré prohibé continuent d'exister
malgré la *maxima*, la *media* et la *minima capitis deminutio*,
aussi bien à l'époque de Justinien qu'à celle de Gaïus.

Les droits politiques subsistent indubitablement malgré la *minima capitis deminutio.*

CHAPITRE VII

DES EFFETS DE LA *MINIMA CAPITIS DEMINUTIO* SUR LES DROITS RELATIFS AUX BIENS

En principe les droits relatifs aux biens continuent de subsister, soit qu'ils continuent de résider en la personne de *capite minutus*, soit, comme il arrive le plus souvent, qu'ils changent de titulaire. Cependant cette règle comporte quelques exceptions que nous devons étudier ici.

L'usage et l'usufruit sont des droits personnels, c'est-à-dire qu'ils sont essentiellement attachés à la personne et intransmissibles. Aussi la *capitis deminutio minima* entraînant changement dans la personne juridique de l'usage ou de l'usufruitier, avait pour conséquence l'extinction de ces droits d'usage et d'habitation. Les Romains cherchèrent dé bonne heure à remédier à cet effet de droit : ainsi le *dies cedens*, c'est-à-dire l'époque à laquelle le droit au legs etait fixé, fut reculé jusqu'au jour de l'adition si le legs était pur et simple, jusqu'au jour où l'arrivée du terme si le legs était à terme : et cela parce

que la créance même d'usufruit s'éteindrait comme nous
l'avons dit par la *capitis deminutio* si le droit était déjà
fixé (L 5 § 1 Quand. dies leg. XXXVI, 2). C'était déjà diminuer les chances d'extinction de l'usufruit, mais la
pratique, usant de ces principes, tourna en grande partie
la règle de l'extinction de l'usufruit par la *capitis
deminutio*. On ne constitua plus un seul usufruit, mais
une série d'usufruits *in annos, in menses, in dies*, c'est-
à-dire ne durant qu'une année, qu'un mois, qu'un jour,
mais renaissant l'année, le mois, ou le jour suivant ; cela
fait, chaque usufruit ayant un *dies cedens* au commencement de l'année, du mois où du jour, ne pouvait être
éteint par la *capitis deminutio* qui avait précédé et qui
n'avait mis fin qu'à l'usufruit en cours (L 1 § 3, Quib.
mod. usuf. amitt. VII, 4).

Mais si l'usufruit avait été constitué par contrat, ces
principes n'étaient pas applicables, et la *capitis deminutio*
en entraînait extinction ; il en fut ainsi jusqu'à Justinien qui supprima ce mode d'extinction de ces servitudes
personnelles.

Deux questions se posent lorsque l'usufruit a été constitué sur la tête d'un fils de famille, est-ce la *capitis deminutio* du père ou du fils qui éteint l'usufruit ? Et
lorsqu'il a été constitué sur la tête d'un esclave, est-ce
la *capitis deminutio* du maître ou l'affranchissement ou
l'aliénation de l'esclave qu'il faut considérer ? Les jurisconsultes faisaient la même distinction que pour le décès
du titulaire : si l'usufruit a été acquis par acte entre-vifs

il faut s'attacher à la *capitis deminutio* du père ou maître, car il aurait pu acquérir ce droit par lui-même ; s'il a été constitué par testament. c'est la *capitis deminutio* du fils ou de l'esclave qui y mettra fin, car le legs est toujours réputé fait *intuitu personæ*.

Il faudra donner les mêmes solutions pour la créance qui a pour objet la constitution de ces mêmes droits d'usage et d'usufruit.

Si la *capite minutus*, avant sa *capitis deminutio*, a contracté des dettes en s'obligeant par des contrats, ces dettes s'éteignent comme s'éteindraient celles d'un homme décédé sans héritier, c'est-à-dire que d'après le droit civil elles cessent absolument de grever le *capite minutus* et ne grèvent aucune autre personne à sa place. On ne trouvera guère d'applications de cette règle si le *capite minutus* est *alieni juris* avant la *capitis deminutio*, car il est peu probable qu'il trouve des créanciers, mais si c'est un *sui juris* qui se donne en adrogàtion, l'extinction des dettes devient plus choquante et semble devoir empêcher toute espèce de contrat : il est vrai que les pontifes qui président à l'adrogation, ont à examiner si cette adrogation n'a pas précisément pour but de permettre à l'adrogé de se débarrasser de ses créanciers, et doivent dans ce cas conclure au sujet de l'adrogation ; mais cette garantie n'existe pas pour la femme *sui juris* qui tombe *in manum*, pas plus du reste que pour l'enfant qui est légitimé.

Ce sont là des hypothèses de droit théorique plutôt

que de droit pratique : même dans la rigueur du droit civil, la *capitis deminutio* laissait subsister une obligation naturelle (L. 2 §. 2. *De cap. min.* IV, 5). Mais le droit prétorien corrigea de bonne heure le *jus civile* et donna aux créanciers une *in integrum restitutio sine cognita causa* analogue à l'*in integrum restitutio unde liberi* donnée aux enfants émancipés pour venir à la succession *ab intestat* de leur père. L'action prétorienne était fictice en ce sens que la *capitis deminutio* était censée n'avoir jamais existé, et elle était dite utile parce qu'elle était donnée en dehors des règles habituelles (Gaïus, IV. 38). Les effets de cette action étaient les suivants : si le *capite minutus* était devenu *sui juris*, l'action devait avoir le même effet que si le débiteur était devenu *sui juris* sans *capitis deminutio ;* s'il était *alieni juris*, son *paterfamilias* devait venir le défendre, sinon le préteur pouvait autoriser les créanciers à vendre les biens que le *capite minutus* possédait avant sa *capitis deminutio*, comme si celle-ci n'avait pas eu lieu. Dans ce dernier cas il y avait controverse parmi les jurisconsultes romains : Ulpien accordait en outre aux créanciers l'action de *peculio* contre celui qui avait la puissance, Sabinus et Cassius la refusaient au contraire (L. 42, *De pecul.* XV, 1), parce que disaient-ils, l'action de *peculio* ne peut avoir sa cause dans des faits antérieurs à la constitution du pécule, attendu que le fondement de cette action est dans le consentement tacite que le père donne aux obligations de son fils en lui constituant un pécule. Mais ne peut-on pas dire qu'en acquérant la puissance, le père de famille ratifie tout ce qui a été fait par l'individu qui tombe sous sa *patria potestas* ? et que la ratification a un effet rétroactif en vertu du principe *ratihabitio mandato œquiparatur* ?

L'action donnée sous Justinien ressemble plutôt à l'action de *peculio*, elle est en effet donnée contre le père ; elle n'est plus fictice puisque le système formulaire n'existe plus.

Si le contrat a été fait depuis la *capitis deminutio* on n'accorde pas en principe de *restitutio* au créancier, car il est coupable de négligence, mais Ulpien (L. 2, § 2, *De cap. num.* IV. 5) semble reconnaître la possibilité de cette *restitutio*. Quel est donc ce cas exceptionnel ? *Cujas* avait rapporté ce texte au contrat fait par la femme *in manu*, dès lors incapable de s'obliger, et à la *restitutio* introduite en faveur de la partie qui ignorait la condition de la femme ; mais il faut alors admettre que la *filiafamilias* pubère ne pouvait pas s'obliger. Or, cette théorie est aujourd'hui repoussée par la plupart des auteurs : M. Accacias admet l'incapacité des femmes *in manu* tant que la tutelle des femmes a existé, parce que, dit-il, il est impossible d'accorder à une femme *alieni juris* une capacité plus grande qu'à une femme *sui juris* incapable par suite de la tutelle ; mais quand la tutelle des femmes eut disparu, la femme *in manu* acquit une capacité égale à celle du *filiusfamilias*. M. Machelard est partisan d'une même théorie. Quant à M. de Savigny il repousse toute distinction relativement à la capacité de contracter des dettes,

entre le fils et la fille, et il déclare que celle-ci pouvait
s'endetter aussi valablement que son frère soumis, comme
elle, à la puissance paternelle. Aussi la théorie de *Cujas*
est-elle aujourd'hui rejetée par la majorité des auteurs,
et M. de Savigny explique ainsi qu'il suit le cas exceptionnel prévu par Ulpien : « Le cas exceptionnel dont parle
Ulpien est celui d'une obligation contractée pendant la
mancipii causa, et dans les derniers temps la *mancipii
causa* n'était qu'un état transitoire. Un semblable contrat
n'obligeait pas *civiliter* le fils plus tard émancipé, mais le
créancier devait s'imputer le dommage, car il aurait pu
connaître la condition actuelle de son débiteur. Néanmoins cette ignorance était quelquefois excusable (*inter-
dum*,) et on accordait alors la restitution. » Cela n'existe
plus sous Justinien.

Nous avons dit que les dettes nées d'un contrat sont
éteintes par la *minima capitis deminutio*, il y a donc des
dettes auxquelles cette *capitis deminutio* ne porte pas
atteinte, nous verrons plus tard quelles elles sont.

Il y a extinction des dettes par la *capitis deminutio*,
parce que, dit-on, les dettes sont un rapport entre deux
personnes, et que l'une des personnes, terme du rapport,
disparaissant, la dette s'éteint ; le même raisonnement
devrait amener à déclarer que les créances s'éteignent
aussi. Cependant les Romains n'ont pas admis cette règle : Ce défaut d'harmonie découlait du principe qui
servait de base à cette *acquisitio per universitatem*. L'a-
drogation procurait directement à l'adrogeant la puis-

sance paternelle. La portée de l'acquisition qui en résultait était mesurée sur les règles propres à cette puissance, qui permettait bien au fils d'améliorer la condition du père, mais non de l'empirer. Telle est la règle ; examinons-en les exceptions.

La première a lieu pour les créances résultant d'une *adstipulatio* Ces créances s'éteignent (Gaïus iii. 114) parce que l'*adstipulator* dans ses rapports avec le stipulant principal n'est qu'un mandataire, or, le mandat est contracté *intuitu personæ*, et par conséquent ne saurait survivre au changement de personnalité de l'une des parties.

A notre avis ce résultat n'est que la conséquence d'un principe que nous pouvons formuler ainsi : tout contrat formé *intuitu personæ* disparaît quand l'un des contractants subit la *capitis deminutio*. C'est ce que Gaïus (Gaïus iii, 153) nous dit de la Société, et c'est aussi ce que nous déciderons, malgré le silence des textes, pour le mandat. Toutefois cette conséquence a paru trop rigoureuse à Justinien, qui déclare que les qualités que l'on prend en considération en contractant ne changent pas par la *capitis deminutio* : aussi fait-il disparaître cet effet extinctif (Inst. iii, 25).

Un autre effet de la *capitis deminutio* est de faire disparaître les créances d'usufruit et d'usage : nous avons suffisamment parlé de cette question, quand nous nous sommes occupés de l'extinction de ces servitudes, pour ne pas avoir à y revenir.

Si le *capite minutus* était engagé comme demandeur dans une instance constituant un *judicium legitimum*, le droit que la *litis contestatio* avait fait naître en sa faveur périt absolument, sans doute parce qu'on le répute attaché à la personne, et d'autre part, le droit antérieur qu'elle avait éteint *ipso jure* ne revit pas : il y a donc déchéance *complète* (Gaïus III, 83).

La créance des services dus par un affranchi s'éteint également. Il ne faut pas croire, comme semble le dire Gaïus (Gaïus III, 83) que cette créance doit avoir été constituée par le *jusjurandum liberti* : peu importe la manière dont elle est née, car l'extinction ne vient pas de la forme qui y a donné naissance, mais ces droits étant attachés aux *jura patronatus* disparaissent avec eux par les *minima capitis deminutio* : les Instituts (1 Inst. III, 10) ne font du reste aucune distinction. De ce que la perte des *operæ* est une conséquence de la perte des *jura patronatus,* il faudra également repousser la distinction proposée entre les *operæ officiales* qui sont personnelles au patron, et les *operæ fabriles* qui peuvent exister au profit d'autres que le patron (L 9. § 1 *De op. lib.* XXXVIII, 1).

Tels sont les droits relatifs aux biens que la *minima capitio deminutio* fait disparaître : nous allons compléter notre étude en recherchant les droits qu'elle laisse intacts.

CHAPITRE VIII

Parmi les droits relatifs aux biens qui subsistent malgré la *capitis deminutio minima*, le plus important est sans contredit la propriété ; car les biens de l'adrogé passent à son père adoptif, ce qui confirme le principe loin de le contredire, car si la propriété eût été détruite, l'adrogé n'aurait pu le transmettre ; c'est que nous dit Gaïus (Gaïus III, 83). Il faut dire de la détention ce que nous disons de la propriété, et c'est pourquoi l'action *depositi* peut être donnée contre un *capite minutus*, fût-il devenu *alieni juris* (L. 24 pr. Dep. vcl. XVI, 3).

Quant aux créances nous avons dit qu'en principe elles subsistent malgré la *capitis deminutio*, et nous avons énuméré, dans le chapitre précédent, les exceptions à la règle ; pour les dettes, c'est au contraire leur disparition qui est la règle, mais nous savons qu'il y a aussi des exceptions.

La première exception a lieu pour les dettes nées

ex delicto ou *quasi ex delicto.* Dans ce cas si le délinquant est *alieni juris,* l'action *ex delicto* étant donnée *noxaliter* contre le premier *paterfamilias,* est donnée *noxaliter* contre le second. Si l'*alieni juris* est devenu *sui juris* par *capitis deminutio,* cette action se transformera en une action *ex delicto* donnée contre le délinquant émancipé (L. 2 pr. Si ex nox. ii, 9). Si c'est un *sui juris* qui est devenu *alieni juris,* l'action *ex delicto* contre le *sui juris* continue de subsister, mais, en outre, elle est donnée *noxaliter* contre celui qui a acquis la puissance (Gaïus iv, 77).

Si une succession s'est ouverte au profit de celui qui a subi la *capitis deminutio,* les dettes qui la grèvent ne s'éteignent pas par cette *capitis deminutio,* parce que les créanciers n'ont pas choisi leur débiteur comme ils l'auraient fait dans un contrat : ces dettes grevant l'actif devront être payées par celui qui recueillera la succession : si le *capite minutus* était *alieni juris* avant sa *capitis deminutio,* les dettes resteront à la charge de celui qui avait la *potestas ;* s'il était *sui juris* et devient *alieni juris,* le passif grèvera celui qui acquiert la *potestas,* parce qu'il possède l'actif, et qu'une succession forme un tout indissoluble d'actif et de passif.

Une autre catégorie de dettes subsistant malgré la *capitis deminutio* comprend celles résultant d'un dépôt lorsque le débiteur, postérieurement à la *capitis deminutio,* se trouve encore en possession de la chose.

Il y a tout un groupe d'obligations qui subsistent

malgré la *capitis deminutio ;* le caractère commun de ces obligations, comparées aux autres institutions du droit, est d'avoir une nature un peu moins juridique ; c'est ce qu'exprime un jurisconsulte romain en disant de l'une d'elles : « *in facto potius quam in jure consistit.* » (L. 10. *De cap. dem.* IV, 5). En effet, la *capitis deminutio* ne frappe que la personne du droit civil privé et non la personne naturelle : donc les droits qui se réfèrent à cette dernière personne, subsistent malgré cette *capitis deminutio.* Il est impossible de déterminer au juste ces obligations ; tout ce qu'on peut dire, c'est qu'on doit comprendre sous ce titre des obligations qui ont à un degré moindre que les autres, un caractère civil, celles qui sont considérées comme ayant plus particulièrement leur fondement dans les besoins de la nature humaine, celles enfin que les législations positives peuvent, moins que les autres, refuser de sanctionner. Le *criterium* pour distinguer ces obligations n'existe pas, car si l'on peut dire que toutes actions *in æquum et bonum* ne sont pas éteintes par la *capitis deminutio,* il est difficile d'en dire autant des actions *in factum,* quoique cela soit vrai de quelques-unes d'entre elles. Aussi devant cette incertitude ne pouvons-nous qu'imiter les jurisconsultes romains qui se sont contentés d'en citer quelques-unes. On peut cependant les ranger en plusieurs groupes ; le premier qui se compose des droits ayant directement pour objet l'entretien de la vie physique comprend :

1° Le legs d'aliments ; sur ce point les Romains font

la plus grande dérogation aux principes sur la capacité, car ils admettent que ces droits peuvent compéter à l'esclave et survivre à la *maxima capitis deminutio* : c'est ainsi que le *servus pœnæ* est habile à recueillir un legs d'aliments, et si la *maxima capitis deminutio* a cet effet, à plus forte raison la *minima*. Au contraire, tout autre legs deviendrait nul par la *capitis deminutio*. (L. 3, pr. *De his quæ pro non scriptis*, XXXIV, 8).

2° Le legs de l'habitation et des *operæ* ne devient pas nul par la *capitis deminutio* (L. 2, XXXIII, 2), *quia in facto potius quam in jure consistit*.

3° Dans le cas de mariage le droit de la femme sur sa dot subsiste malgré toute *capitis deminutio*. On sait que le mari devient propriétaire de la dot, à la charge pour lui de subvenir aux besoins de la femme et de la restituer. Si le mari est soumis à la puissance paternelle, le père est propriétaire de la dot ; mais elle ne suit pas le sort de ses autres biens. En effet, si le mari est émancipé, donné en adoption ou déshérité, ou qu'après la mort du père il vienne au partage des biens paternels, la dot demeure distincte de ce patrimoine, et suit constamment le mari, inséparable des charges du mariage (L. 1, § 9, *De dot. procl.* XXXIII, 4). Quant à la femme. si elle est *in patria potestate*, elle peut arrêter par une déclaration de volonté l'exercice de l'*actio rei uxoriæ* (L. 22, § 1, L. 3, XXIV, 3) ; elle peut l'exercer au nom de son père si celui-ci est frappé d'aliénation mentale ou empêché par toute autre cause. (L. 32, § 4, 10, 11, sol, mat. xxiv, 3). Si la femme est émancipée, son action, loin d'être anéantie par la *capitis deminutio*, lui est au contraire dévolue exclusivement et sans restriction (L. 44, pr. xxiv, 3).

4° Le droit d'intenter l'action en aliments entre proches parents est réciproque entre les ascendants et les descendants. Les règles générales sur les restrictions de la capacité et la *capitis deminutio* sont ici sans influence, car le fils a cette action contre son père pendant la durée de la puissance paternelle et après l'émancipation, de sorte qu'elle subsiste malgré la *capitis deminutio*. (L. 5, § 1, *De agnosc.* xxv, 3). Réciproquement, le père a sans contredit la même action contre le *filiusfamilias*, si celui-ci possède un *peculium castrense* ou ce qu'on appelle *peculium adventitium extraordinarium*. Le mot aliment doit être pris dans un sens plus large que quand il s'agit d'un legs d'aliments, et comprend notamment la satisfaction des besoins intellectuels.

5° On devra, par analogie, ranger ici l'action que les filles ont contre leur père pour le forcer à leur constituer une dot : en effet, la dot n'est en réalité qu'une forme particulière sous laquelle le père fournit des aliments à sa fille (L. 19, *De ritre nupt.* xxiii, 2).

Le second groupe d'obligations *quæ facto potius quam in jure consistunt* comprend les actions ayant pour objet la *vindicta*, et dans cette catégorie nous rangerons :

1° L'*actio injuriarum*. On sait que si un *filiusfamilias* est offensé, ce fait constitue deux offenses, l'une envers le père, l'autre envers le fils, et chacune donnera lieu à une action différente. L'action du fils n'est pas éteinte par la *capitis deminutio*, (L. 17, § 22, *De inj.* xlvii, 10) mais l'argent que le *filiusfamilias* reçoit à ce titre revient incontestablement au père, de sorte que l'action du fils présente un caractère mixte. En effet, il agit *suo nomine* à cause de la *vindicta*, et comme représentant son père à cause de l'indemnité à réclamer.

2° *l'actio sepulchri violati* est une pure *vindicta* au profit des héritiers, et ne s'éteint pas par la *capitis deminutio*. C'est ce qui a lieu quand le défunt laisse un suus qui s'abstient de la succession, puis se fait adroger : dans ce cas, il conserve l'action. S'il ne se fût pas abstenu, l'adrogeant serait devenu héritier par l'intermédiaire de l'adopté, et l'action lui appartiendrait.

3° Il en sera de même pour l'*actio* de *effusis*, qui appartient à l'homme libre auquel la chute d'un objet jeté d'une maison porte préjudice.

4° Même solution pour l'action pour blessures faites par des animaux dangereux, quand le propriétaire est coupable de négligence, car cette action est *in æquum et bonum concepta* (L. 42, *De ædil. ed.* xxi, 4).

5° *L'interdictum quod vi aut clam* est une action que le *filiusfamilias* exerce en son nom personnel (L. 9, *De O et A*, xliv. 7) : en effet, cette action ayant la *vindicta* pour objet tend à la réparation de l'atteinte portée violemment à la dignité personnelle, et le fils, quoique placé sous la puissance paternelle, peut être victime d'une semblable violence : cette action ne sera donc pas éteinte par la *capitis deminutio.*

6° L'affranchi ne pouvait, sans une autorisation, citer en justice son patron ou ses enfants, et la violation de cette défense donnait lieu à une indemnité de cinquante *aurei.* Le fils, ainsi assigné en l'absence de son père, pouvait comme dans le cas d'injure, agir personnellement contre l'affranchi(L. 12, *De in jus vos.* II, 4).

7ᵉ Toutes les *populares actiones* échappent aux effets de la *minima capitis deminutio* : en effet, celui qui les met en œuvre agit comme homme politique et non comme sujet de droit privé : or, comme la *minima capitis demi-nutio* laisse intacts les droits politiques, elle n'empêche pas le *capite minutus* d'intenter ces *populares actiones.*

8° Faut-il ranger la *querela inofficiosi* parmi les actions ayant pour objet la *vindicta ?* Les avis sont partagés, car tandis que les uns y voient une action *in rem* et comme un cas particulier de l'*hereditatis petitio*, les autres y voient non une action proprement dite, mais le prélimi-naire d'une action : on suppose que le testament a été dicté par une passion aveugle, voisine de la démence, et c'est pour le faire annuler qu'on intente la *querela* ; si le demandeur triomphe, le testament est annulé, et la suc-cession est dévolue *ab intestat* ; la *querela* serait dans ce cas une sorte d'*actio injuriarum.* Si l'on accepte cette der-nière solution, on rangera la *querela* dans les actions ayant pour objet la *vindicta*, et par conséquent on la regardera comme non atteinte par la *minima capitis deminutio* ;

si l'on se range à l'avis contraire, il faudra reconnaître qu'elle disparaît par suite de cette *capitis deminutio*.

Enfin il existe deux actions conçues *in factum* (Gaïus iv, 47) qui ne sont pas éteintes par la *capitis deminutio*, ce sont l'action *depositi directa* et l'action *commodati directa*, car la bonne foi est particulièrement intéressée à ce que le déposant puisse recouvrer sa chose elle-même, et puisse la réclamer à l'individu *sui vel alieni juris* qui la détient et avec lequel il a seul contracté ; on pourra joindre à ces deux actions l'*actio locati* lorsqu'il s'agira uniquement de la restitution de la chose, car le rapport de droit est identique à celui que présentent les actions *depositi et commodati*.

A côté des obligations *quæ in facto potius quam in jure consistunt* et qui ne sont pas détruites par la *minima capitis deminutio*, on peut ranger pour des raisons analogues les obligations naturelles.

Enfin, pour terminer cette longue énumération de droits survivant à la *minima capitis deminutio*, on peut citer l'obligation pour le *capite minutus* de figurer dans les instances qui constituent des *judicia imperio continentia*, car le préteur ne pouvait pas reconnaître l'effet extinctif de la *capitis deminutio*, lui qui rescinde cet effet relativement aux dettes civiles.

Tels sont les droits relatifs aux biens que n'éteint pas la *capitis deminutio minima*. On peut remarquer la tendance du droit prétorien à corriger les rigueurs du droit civil et à faire revivre sous une autre forme les obligations éteintes *jure civili*.

CHAPITRE IX

DE LA CAPITIS DEMINUTIO SOUS JUSTINIEN

La *capitis deminutio* a subi sous Justinien de nombreux changements : la *maxima* et la *media capitis deminutio* produisent à peu près des effets analogues, car les déchéances dont elles sont les accessoires, perte de la liberté et perte du droit de cité, n'ont rien perdu de la gravité de leur caractère ; mais il ne reste plus que deux causes d'esclavage *jure civili* : la vente *ad participandum pretium*, et la *revocatio in servitutem*, car la condamnation aux bêtes a disparu sous Constantin et la déchéance subie par l'individu condamné aux mines a été supprimée (Nov. 22. Ch. 18).

C'est surtout quant aux effets de la *minima capitis deminutio* que le droit de Justinien s'écarte du droit classique : nous avons vu quels effets rigoureux le droit civil faisait produire à cette *mu tatio status*, comment le préteur cherchait dans son édit à combattre les effets de cette *capitis deminutio*, et comment aux actions éteintes

il en substituait d'autres tendant au même but. Le
droit prétorien remplaçant de plus en plus le droit civil,
la *capitis deminutio* ne produit plus que peu d'effets.
Examinons ce que sont devenus les droits enlevés au
capite minutus : les Instituts déclarent que la *minima
capitis deminutio* n'entraînera plus extinction des droits
d'usufruit ou d'usage (3. Inst. ii, 4) pas plus que la dissolution de la société (4 à 8. Inst. iii, 25). Comme il n'y
a plus de *judicia legitima* il ne peut y avoir extinction du
droit ni de la *litis contestatio* pour ces *judicia.* Sans
doute, à s'en tenir aux apparences, la *capitis deminutio*
continue d'être la cause de la rupture du testament et
d'éteindre les dettes du *capite minutus,* mais nous avons
vu que le préteur faisait revivre le premier par une *bonorum possessio,* et qu'il remplaçait les actions éteintes
par de nouvelles tendant au même but. Quant aux droits
de famille, la *gentilitas* n'existe plus depuis longtemps ;
et l'hérédité civile déterminée par l'agnation est depuis
longtemps remplacée par l'hérédité par lien de cognation
qui n'est pas détruite par la *minima capitis deminutio*
(6. Inst. liv. I, tit. 16). Que reste-t-il donc ? Les *jura patronatus* et l'agnation ; or, les effets de cette dernière
n'existent pour ainsi dire plus, puisque la succession
d'après la cognation a remplacé la succession d'après
l'agnation, et que la tutelle a suivi les mêmes règles d'a-
près le principe *ubi emolumentum successionis ibi et onus
esse debet.* Du reste l'agnation fut complètement abolie
en l'année 543 par la Novelle 118, et désormais la fa-

mille naturelle remplace la famille civile ; mais comme il est impossible de faire sortir quelqu'un de sa famille naturelle, il n'y a plus de *minima capitis deminutio* possible, car elle implique forcément une organisation artificielle de la famille.

TABLE DU DROIT ROMAIN

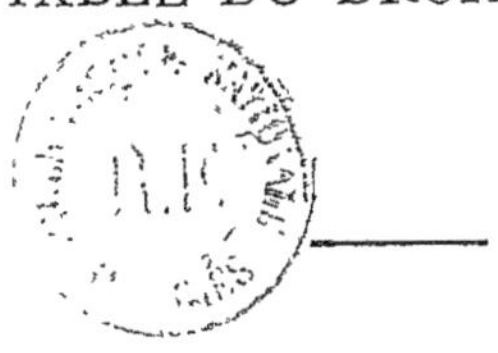

DE LA PROTECTION DES ENFANTS

MALTRAITÉS & MORALEMENT ABANDONNÉS

Loi du 24 Juillet 1889

CHAPITRE PREMIER

DES ENFANTS TROUVÉS ET ABANDONNÉS AVANT LA LOI DU 24 JUILLET 1889

L'heure présente appartient aux questions sociales :
il est du devoir et de l'intérêt de tous de suivre avec
attention l'évolution qui se produit et de chercher, chacun dans la mesure de ses moyens, sinon à les résoudre,
du moins à leur donner la direction la plus conforme
aux intérêts généraux. Parmi toutes ces questions il en
est une qui a l'heureux privilège de réunir tous les suf-
frages, de soulever toutes les sympathies : c'est celle qui
concerne la protection de l'enfance malheureuse et abandonnée. Depuis la création par saint Vincent de Paul
de l'hospice des enfants trouvés, rien en France n'avait
été fait d'important en faveur des enfants abandonnés.
D'ailleurs les transformations, que les conditions moder-

nes du travail apportent dans notre organisation sociale,
ont fait surgir des nécessités nouvelles en ce qui concerne
la protection des enfants. C'est ainsi que la catégorie
récente des enfants moralement abandonnés est née surtout de l'agglomération de plus en plus grande des po-
pulations urbaines, de la création des usines, des grands
centres manufacturiers, et de l'immense développement
de l'industrie. L'obstacle principal qui empêchait d'en
prendre la protection résidait dans la constitution de la
puissance paternelle telle qu'elle est formulée par le Code
civil. La loi de 1889 est venu mettre aux mains de la
bienfaisance publique et privée l'arme qui lui était nécessaire. Les conséquences morales et sociales de l'application de cette loi doivent être considérables ; elles auront
pour effet de remplacer la prison par l'école, de substituer aux mesures pénales des mesures d'éducation préventive, de tuer dans leurs germes les ferments mauvais
qui transforment les enfants innocents en de futurs
malfaiteurs. Cette loi est destinée à avoir sur l'abaisse-
ment de la criminalité des résultats les plus heureux. Le
sujet était donc fait pour nous tenter. Nous serions heureux si, dans la faible mesure de nos forces, il nous était
donné de signaler les bienfaits présents de cette loi d'une
si grande portée sociale, et pour l'avenir d'indiquer les
améliorations dont elle est susceptible. On nous pardon-
nera donc de prendre pour épigraphe de notre thèse la
citation si connue : *In magno, magnum est tentare.*

Les enfants sur lesquels l'Etat a la faculté et le devoir

d'étendre sa protection peuvent rentrer dans deux classes distinctes : les uns ont été l'objet d'un abandon brutal de la part de leurs parents ou de ceux qui en avaient la surveillance, abandon qui force la société à s'occuper d'eux pour les empêcher de mourir de faim : ce sont les enfants orphelins de père et de mère, les enfants trouvés, exposés dans un lieu quelconque et dont les parents sont inconnus, les enfants abandonnés et on entend par abandonnés « ceux qui, nés de parents connus, en sont délaissés sans qu'on sache ce que les pères et mères sont devenus ou sans qu'on puisse recourir à eux. » Ces trois catégories d'enfants sont confiées aux services départementaux créés en leur faveur. Il faut également comprendre dans la catégorie précédente les enfants secourus, c'est-à-dire les enfants aux mères desquelles l'Assistance publique alloue des secours réguliers afin d'empêcher qu'elles ne les abandonnent ; c'est pourquoi on a donné aux enfants abandonnés la dénomination d'enfants assistés, dénomination regrettable, car elle a fait changer l'abandon en un simple placement.

Mais à côté de ces victimes d'un abandon matériel, il en est d'autres sur lesquelles les pouvoirs publics doivent exercer une protection : ce sont les nombreux enfants dont le délaissement est intermittent, partiel, ceux que leurs parents n'ont pas directement abandonnés en les présentant aux hospices dépositaires, mais qui n'en sont pas moins dans un abandon moral qui constitue un grave danger pour la société, car c'est parmi eux que se recrutent et se forment les membres de l'armée du crime et du vice ; ce sont encore les enfants vis-à-vis desquels leurs parents ne se rappellent leurs droits que pour s'en faire un instrument de mendicité ou de débauche. Tous ces enfants composent la catégorie à laquelle a été donné le nom de *moralement abandonnés*.

Ces diverses catégories d'enfants, orphelins, trouvés, abandonnés matériellement ou moralement, ont toujours existé, mais la protection dont ils ont été l'objet n'a pas toujours été la même. Nous allons présenter un historique abrégé de la question.

Avant la Révolution de 1789, la charité privée s'occupait à peu près seule, en fait, de l'éducation des enfants trouvés. Sans doute, au point de vue juridique, le seigneur haut justicier devait supporter cette charge en vertu de son droit d'aubaine et d'épave, mais en réalité c'était aux hospices et aux maisons religieuses qu'était dévolu ce soin, le seigneur n'invoquant généralement ses droits que pour les profits qu'il pouvait en tirer et non pour en subir les charges. Aussi suivant le hasard des circonstances, suivant les localités, suivant l'état de paix ou de guerre civile ou nationale où se trouvait la province, suivant la générosité des seigneurs haut justiciers, suivant mille causes enfin, les enfants trouvés étaient bien, imparfaitement, ou mal secourus ; c'était le régime de l'irrégularité et de l'intermittence, conséquence inévitable des œuvres où la charité privée agit seule, lorsqu'un service public n'est pas organisé sur toute l'étendue du territoire. Remarquons que les enfants trouvés, au sens littéral du mot, étaient seuls susceptibles d'être recueillis dans les hospices. Jusqu'au milieu du siècle dernier les enfants de parents connus, ce qu'on nomme maintenant les abandonnés, n'étaient pas admis dans les hospices dépositaires. De telle sorte que de tous les enfants ainsi déposés dans les rues peu résistaient, la plupart mourant de faim ou de froid. Peu à peu, cependant, on admit les parents à venir déposer les enfants qu'ils ne pouvaient nourrir, entre les mains de l'officier de Justice : les enfants abandonnés remplacèrent alors les enfants trouvés.

Dans cette longue période qui précède 1789 et dans laquelle l'État se désintéresse à peu près des enfants trouvés, nous ne rencontrons aucun monument législatif sur cette matière importante ; toutefois il serait injuste d'oublier la création, sous Louis XIV, de l'hospice des enfants trouvés par celui qu'on a surnommé l'Intendant de la Providence, c'est-à-dire saint Vincent de Paul. Il sut obtenir du roi le château de Bicêtre, puis fit acheter deux maisons sises devant Notre-Dame et dans le faubourg Saint-Antoine, et son influence se fait encore sentir dans les arrêts du Parlement du 3 mai et du 3 septembre 1667 et celui du 23 juin 1668 par lesquels le Parlement condamne les seigneurs haut justiciers à payer la somme annuelle de 15.000 livres chacun.

L'acte juridique qui, sous la Révolution, est le point de départ de l'ère moderne en ce qui touche la législation des enfants assistés, se présente sous la forme du

décret de l'Assemblée nationale du 17 novembre 1790 ;
par ce décret l'Assemblée nationale décharge les seigneurs haut justiciers de l'obligation de nourrir les enfants abandonnés dans leur juridiction, et règle la
manière dont il sera pourvu à la subsistance de ces orphelins.

Après ce décret qui faisait table rase de l'antique législation, La Rochefoucault-Liancourt, dans le plan qu'il
soumettait au comité pour l'extinction de la mendicité,
traçait les règles principales qui devaient inspirer la législation protectrice de l'enfance abandonnée. Les deux
moyens qui lui semblaient les plus propres à réaliser ses
projets, consistaient à secourir les filles-mères (principe
qui, quoique inscrit dans la Constitution de 1793, n'en-
tra en pratique qu'en 1837), et à simplifier les formalités
d'adoption des enfants trouvés par les particuliers. Mais
ce projet ne put aboutir à cause de la marche des évé-
nements politiques et malgré l'époque décisive où son
auteur le présentait, puisque, comme on l'a vu, le décret
du 17 novembre 1790 abrogeait toute législation antérieure.

Le premier acte juridique de l'époque révolutionnaire
qui s'occupe d'organiser l'assistance des enfants abandonnés est, après le décret du 20 septembre 1792 qui
servit à rédiger 8 ans plus tard l'art. 56 du Code civil,
la loi du 23 juin 1793 dont la deuxième section du Titre I
est relative au sujet qui nous occupe. Cette loi trop ex-
tensive pour être applicable fut suivie de plusieurs lois

ou arrêtés qui fixèrent la manière d'élever et d'instruire les enfants abandonnés, et réglèrent différentes questions de secours d'argent et autres mesures financières : ce sont les lois du 24 vendémiaire an II, et du 27 frimaire an V, les arrêtés du 30 ventôse an V, et du 25 floréal an VIII.

Si l'on considère la réalité des choses, on voit que la direction des enfants abandonnés appartient juridiquement à l'État, mais en réalité les ressources promises ne sont pas données et les hospices restent en fait tels qu'ils étaient avant la Révolution, s'occupant seuls, et pour ainsi dire sans surveillance, des enfants trouvés ou abandonnés.

La loi du 15 pluviôse an XIII est la loi fondamentale du service des enfants trouvés : elle place sous la tutelle de commissions administratives les enfants qui y sont admis. Quoique gravement modifiée par la circulaire du 3 août 1869, elle n'en reste pas moins une des lois les plus importantes de la législation des enfants abandonnés.

Napoléon Ier règle, dans le fameux décret du 13 janvier 1811, la tutelle, l'éducation, et les dépenses des enfants abandonnés. Il définit les différentes catégories d'enfants confiés à la charité publique, met à la charge des hospices les dépenses des enfants trouvés, sauf contribution par l'État dans une limite de quatre millions : le service des enfants abandonnés prend donc un caractère à la fois national et hospitalier, puisque d'une part la charge reste aux hospices, et que d'autre part l'État contribue aux dépenses. Remarquons en passant la partie de la loi mettant à la disposition du ministre de la marine les pupilles mâles âgés de douze ans : les préoccupations militaires de l'époque expliquent suffisamment cette prescription draconienne.

La Restauration nous offre le spectacle d'une transformation dans le service des enfants trouvés : par les lois de finances de 1817, 1818, 1819, 1820, le Gouvernement abroge implicitement l'art. 12 du décret de 1811 qui faisait contribuer l'État pour quatre millions à ce service ; cette charge incombe désormais aux départements, et le service, qui en 1811 était national et hospitalier, devient de ce jour départemental et hospitalier. Le rôle de l'État va en diminuant chaque jour, tandis que celui du département grandit en sens inverse même aux dépens des pouvoirs des hospices ; c'est ainsi que l'on crée des inspecteurs départementaux qui annihilent les pouvoirs des hospices privés, mais par contre les départements se chargent des dépenses extérieures, c'est-à-dire des dépenses faites en dehors de l'hospice.

Pour arriver jusqu'aux lois récentes dont la loi du 24 juillet 1889 est le couronnement, on rencontre une grande quantité de lois, de circulaires et de décisions ministérielles.

La loi du 10 janvier 1849, spéciale à la ville de Paris, attribue au directeur de l'Assistance publique de Paris la tutelle des enfants trouvés, abandonnés et orphelins.

Ce Directeur agit donc sans l'assistance ni d'un subrogé-
tuteur, ni d'un conseil de famille ; c'est une tutelle spéciale et unique en France. — Mais cette loi n'est applicable qu'aux enfants assistés du département de la Seine,
dans tous les autres départements la loi de pluviôse an
XIII est seule en vigueur, et les commissions administratives des hospices conservent en droit, sinon en fait, les
fonctions de Conseil de famille.

La loi du 5 mai 1869, sous une apparence exclusivement financière, opère une véritable révolution dans le
service de l'Assistance publique, en lui donnant désormais
une orientation départementale ; elle classe les dépenses
en intérieures, extérieures, et d'inspection et de surveillance, et les fait supporter par les départements, par
les communes, et par l'Etat. Les hospices dépositaires,
auxquels le décret de 1811 avait imposé la charge des dépenses intérieures sans leur créer de ressources parallè-
les, succombaient sous le poids des charges ; la loi de
1869 remplaça ce système par celui qui consiste à reporter au budget départemental les dépenses intérieures, de
telle sorte que le service cesse d'être hospitalier, sauf en
ce qui concerne la tutelle, pour devenir départemental.
L'Etat, d'un autre côté, prend à sa charge les dépenses
d'inspection, et se réserve la nomination des inspecteurs,
c'est-à-dire que l'Etat garde pour lui la direction du service, et laisse les charges matérielles aux départements.
Mais si l'on réfléchit que la loi de pluviôse an XIII n'est
pas abrogée, et que par conséquent les hospices conser-

vent la tutelle de ces enfants, on se trouve dans cette
situation bizarre, que d'une part les charges financières
incombent aux départements, tandis que la direction morale appartient au ministre de l'Intérieur, et la tutelle aux
hospices ; de cet état de choses résultent des luttes d'attributions et des diversités très grandes dans le fonctionnement des services suivant les départements. C'est
pour atténuer autant que possible les difficultés que créait
cet état de choses, que la circulaire ministérielle du
4 août 1869, destinée à commenter la loi du 5 mai 1869,
a pour but réel de réduire à son extrême limite le droit
de tutelle que la loi de pluviôse confère aux commissions
hospitalières, et d'augmenter les attributions de l'inspection qui, de ce jour, prend la direction officielle du service.

Ces diverses lois ont fait varier le caractère même du
service des Enfants Trouvés ; le principe posé en 1790
d'un service public fonctionnant sur toute l'étendue du
territoire, suivi de la loi de pluviôse an XIII et du décret
de 1811, tend à rendre le service national et hospitalier ;
mais, après les désastres de 1815, l'Etat se décharge peu
à peu du service pour le laisser aux départements ; le service devient départemental et hospitalier, jusqu'à ce qu'en
1869 les hospices soient exonérés de toute charge ; le service tend alors à devenir exclusivement départemental ;
mais l'intervention de l'Etat se manifeste de plus en plus,
par suite du droit qui lui est attribué de désigner le personnel d'inspection et de surveillance dont la dépense lui

incombe, et par son droit supérieur de direction de l'administration départementale. Le dernier lien qui rattache les enfants assistés aux hospices dépositaires, c'est la tutelle qui leur est dévolue par la loi de pluviôse au XIII, tutelle bien affaiblie par l'effet de la circulaire de 1869.

D'autre part la législation des enfants assistés est extrêmement touffue, pour ne pas dire incohérente ; lorsqu'on fit en 1849 une enquête sur l'Assistance publique, le second volume de cette enquête a plus de 800 pages et ne renferme qu'une partie de la législation. En outre, de simples circulaires ministérielles peuvent tenir en échec et annuler des lois, à tel point qu'on peut dire que la législation officielle n'est nullement la législation de la pratique ; c'est ainsi que dans presque tous les départements, sauf à Paris, la tutelle des enfants assistés a été prise par les inspecteurs suivant la circulaire ministérielle de 1856 bien que la loi de pluviôse au XIII, qui la donne aux commissions hospitalières, ne soit pas abrogée. D'un autre côté certaines dispositions n'ont jamais été appliquées, comme celles du décret de 1811 prolongeant la tutelle après la majorité, et mettant à la disposition de l'Etat les enfants trouvés mâles âgés de 12 ans.

CHAPITRE II

DES ENFANTS MORALEMENT ABANDONNÉS ET DES DANGERS
QU'ILS PRÉSENTENT POUR LA SOCIÉTÉ

Dans toute cette longue série de siècles, au Moyen âge comme dans les temps modernes, sous la royauté absolue comme pendant la révolution, sous l'ancien régime comme après 1789, les lois ne s'occupent que des enfants que nous avons classés dans la première catégorie, des enfants objets d'un abandon matériel, orphelins, enfants trouvés ou abandonnés. Mais à côté de cette classe il en est qu'on peut appeler enfants moralement abandonnés, c'est-à-dire des enfants que leurs parents, par suite de circonstances dépendant ou non de leur volonté, laissent dans un état habituel de mendicité, de vagabondage et de prostitution, et qui sont dignes d'attirer l'attention du législateur. Peu nombreux et disséminés dans les campagnes où la charité privée suffit à peu près à leurs besoins, ils forment au contraire dans les villes, et surtout à Paris, des agglomérations importantes, véritables foyers de vice et de débauche, où s'ins-

truisent au mal et se préparent au délit et même au
crime, des milliers d'enfants, qui au point de départ étaient
seulement des infortunés que leurs parents avaient lais-
sés sans ressources, sans éducation morale, que la société aurait pu sauver, et qui, faute de direction, sont
devenus des êtres malfaisants. Quand les parents ont
manqué à leur devoir, la société doit se substituer à eux,
sous peine de voir ces enfants qui, élevés convenable-
ment, seraient devenus des citoyens utiles à eux-mêmes
et à leur pays, se transformer en malfaiteurs dangereux.
Le professeur Lombroso prétend que ce n'est pas l'éducation qui fait naître le vice, mais que l'hérédité seule
doit être mise en cause ; toutefois les faits semblent
contraires à cette opinion, et l'exemple des convicts
d'Australie, qui ont fait souche d'honnêtes gens, et donné
naissance à une population qui ne le cède en rien à celle
des autres pays au point de vue des mœurs et de la civi-
lisation, semble s'inscrire en faux contre cette théorie.
C'est aux parents négligents de leurs devoirs qu'il faut imputer directement la plupart des fautes et des écarts des
enfants pervers. Chose digne de remarque, tandis qu'en
France les enfants objets d'un abandon matériel sont les
seuls dont s'occupe l'Etat, dans les pays de race germanique, les enfants moralement abandonnés sont seuls secourus par le gouvernement. En Angleterre, aux Etats-
Unis, il n'y a pas de services publics de protection pour
les enfants trouvés, tandis que les *arab boys*, ou enfants
moralement abandonnés, sont recueillis dans les *Indus-*

trial Schools, sortes d'orphelinats, et dans les *reformatories* ou maisons de correction. Cette différence entre les pays latins et les pays d'origine germanique vient-elle de l'esprit de la race ou de la différence des religions, c'est un point que nous ne chercherons pas à éclaircir.

Si l'on recherche les causes qui jettent sur le pavé des grandes villes tant d'enfants moralement abandonnés, on peut les rapporter à deux sources distinctes : les enfants peuvent être à l'état d'abandon moral soit par la faute et les vices de leurs parents, soit simplement parce que leurs parents sont dans l'impossibilité de s'occuper d'eux. Dans la première catégorie nous citerons les enfants employés par leurs parents à la mendicité, les enfants d'ivrognes invétérés, ceux que leurs parents ont chassés de chez eux pour être plus libres dans leurs désordres, ou ceux qui ont fui du domicile paternel afin d'échapper aux mauvais traitements. La deuxième catégorie comprend les enfants dont les parents sont paralytiques, ou aveugles, ou aliénés, ou atteints de graves maladies chroniques.

Quelle que soit la cause de leur abandon moral, le sort de ces enfants est le même. N'ayant pas d'asile ils sont forcés de commettre le délit de vagabondage ; n'ayant pas de pain, pas de vêtements, ils sont contraints de dérober aux étalages, d'implorer la charité des passants, d'exercer toutes sortes de métiers interlopes, c'est-à-dire de commettre les délits de vol et de mendicité. Alors qu'arrive-t-il ? Ils sont traduits devant les tribunaux et le but atteint est toujours la maison de correction, soit en vertu de l'art. 67 du Code pénal par lequel on les condamne, soit qu'on leur applique l'art. 66 du même Code. Si par hasard on les remet à leurs parents sur la promesse que ceux-ci font de les surveiller, ils redeviendront bientôt coupables du même délit. En effet, ces parents prodigues de promesses devant le magistrat les auront vite oubliées, et laisseront de nouveau leurs enfants vagabonder à leur fantaisie. Ces enfants seront donc plus ou moins tard envoyés dans une maison de correction, où loin de se corriger, ils ne feront que se corrompre davantage au contact d'autres enfants plus vicieux qu'eux-mêmes, et qu'arriver plus rapidement à se rendre coupables de quelque grave délit : hommes ils auraient été punis de quelques jours de privation de liberté, enfants ils seront internés jusqu'à vingt ans, et pourquoi ? Pour ne pas avoir eu, bien malgré eux, de domicile, à moins qu'étant atteints d'une infirmité que l'Assistance ne traite pas dans ses hôpitaux, ils ne soient amenés devant le magistrat qui se voit forcé de les faire interner, comme cet enfant aveugle, que cite M. Guillot, qui, à défaut d'autres moyens d'hospitalisation a été enfermé deux ans dans une cellule à la Roquette.

Il est étonnant qu'une situation aussi triste n'ait pas plus tôt éveillé la sollicitude publique : c'est que ces enfants étaient considérés comme étant élevés par leurs parents, et la société ne s'en occupait que lorsqu'ils attiraient sur eux l'attention par quelque délit, c'est-à-dire le plus souvent trop tard. Pourquoi ne cherchait-on pas à prévenir le mal en donnant à ces enfants l'éducation morale dont ils avaient besoin ? ne valait-il pas mieux chercher dès le début à les mettre dans le droit chemin, que d'attendre qu'ils fussent pervertis par le vice et la débauche ? L'inaction du législateur vient de l'idée qu'on s'est faite autrefois de la puissance paternelle, et notre ancien droit n'est pas étranger au respect exagéré qu'on a eu pour cette puissance, et à la crainte d'y porter atteinte, même quand les parents en faveur de qui elle existait étaient indignes d'en être revêtus.

: CHAPITRE III

Si nous considérons la puissance paternelle dans notre
ancien droit, nous trouvons une grande différence suivant les pays où elle s'exerçait. Dans les pays de droit
écrit, comme à Rome, le père de famille, à l'exclusion
de la mère, conserve la puissance paternelle sa vie durant : il reste usufruitier des biens de ses enfants quel
que soit leur âge, jusqu'à ce qu'ils les ait émancipés : de
telle sorte que l'enfant reste *in patria potestate* tant qu'il
a un ascendant paternel ; c'est ainsi que l'illustre Mi-
rabeau fut mis en correction trente-sept fois.

Dans les pays de droit coutumier, on a pu poser ce
principe : droit de puissance paternelle n'a lieu, ce qui
ne veut pas dire que les parents n'aient eu aucun droit
sur leurs enfants, mais que la puissance paternelle n'était
pas telle qu'elle existait à Rome et après dans les pays
de droit écrit. En effet, Pothier nous dit : « On a mis autrefois en question si dans le pays coutumier français il

y avait une puissance paternelle. Quelques auteurs ont avancé qu'il n'y en avait point : on ne peut néanmoins donter qu'il y en ait une. La coutume d'Orléans en fait mention expresse dans la rubrique du titre IX. Elle parle aussi dans l'art. 158 d'émancipation, ce qui suppose une puissance paternelle ; mais cette puissance est entièrement différente de celle que le droit romain accordait aux pères sur leurs enfants, dont le terme et la durée étaient sans bornes, et qui était quasi *quoddam jus dominii*, semblable à celle que les maîtres avaient sur leurs esclaves. Dans nos pays coutumiers, la puissance paternelle ne consiste qu'en deux choses : 1° Le droit que les père et mère ont de gouverner avec autorité la personne et les biens de leurs enfants, jusqu'à ce qu'ils soient en âge de se gouverner eux-mêmes et leurs biens : de ce droit dérive la garde-noble et bourgeoise ; 2° Dans celui qu'ils ont d'exiger de leurs enfants certains devoirs de respect et de reconnaissance[1].» Cette conception de la puissance paternelle dans les pays de droit coutumier est d'origine germanique ; le père n'a pas, comme en droit romain, une sorte de droit de propriété sur ses enfants ; ceux-ci tant qu'ils sont incapables de se diriger seuls, ou du moins présumés tels d'après leur âge, sont sous la protection du père et de la mère chargés de veiller sur eux et de les élever ; les parents ont donc sur leurs enfants une autorité plutôt qu'une puissance.

---

[1] Pothier, Traité des personnes et des choses, tit. VI, sect. II.

Telles étaient les deux organisations de la puissance paternelle dans les pays de droit coutumier et dans ceux de droit écrit qui subsistèrent en France jusqu'en 1789[1].

Le Code civil, dans son organisation de la puissance paternelle, s'inspira des deux législations, et organisa un système mixte qui tient à la fois du droit romain et du droit germanique, quoique dans son ensemble il se rapproche davantage de ce dernier. Toutefois il faut remarquer que le Code civil a oublié de s'expliquer sur les causes qui pourraient mettre fin à cette puissance. (Art. 372 Code civil) et sur le cas où un père indigne abuserait des pouvoirs à lui confiés par la loi pour infliger à ses enfants des mauvais traitements, ou pour leur donner une éducation contraire à la morale et aux bonnes mœurs. Ce silence du Code civil est-il volontaire ou bien plutôt n'est-il qu'un malencontreux oubli comme semblent le prouver les travaux préparatoires? Toujours est-il, qu'après la confection du Code civil, de nouvelles lois viennent restreindre la puissance paternelle en ce qu'elle peut avoir de dangereux pour l'éducation de l'enfant ; la jurisprudence elle-même, par la théorie plus ou moins légale du droit de contrôle des tribunaux, enlève aux parents, dans certains cas, l'exercice de droits qui font partie intégrante de la puissance paternelle, jusqu'à ce

[1] On peut dire que dans les premiers elle était organisée dans l'intérêt de l'enfant, tandis que dans les derniers elle l'était dans l'intérêt exclusif du paterfamilias.

que la loi du 24 Juillet 1889 vienne remplacer le régime de l'arbitraire par un régime légal.

La puissance paternelle a subi des restrictions dans le Code civil lui-même, lorsqu'elle coexiste avec une tutelle conférée à un tiers : il en est ainsi quand la mère survivante refuse la tutelle (Art. 394 du Code civil) ou quand la mère survivante remariée n'a pas été maintenue dans la tutelle ; en outre les art. 380, 384 et 386 du Code civil établissent certaines règles restrictives aux pouvoirs des parents ; mais ce ne sont pas là des cas de véritable déchéance, car dans aucun des deux cas la mère n'est considérée comme indigne. On pourrait plutôt considérer comme cas de déchéance l'art. 302 du Code civil qui permet, de confier les enfants des époux divorcés à celui des deux qui a obtenu gain de cause, ou à une tierce personne.

Le Code pénal a également prévu plusieurs cas de déchéance totale ou partielle : celui qui est frappé d'interdiction légale n'a plus l'exercice de la puissance paternelle pendant la durée de sa peine ; toutefois il semble que cette privation n'est que partielle : rien ne s'oppose à ce que l'interdit légal conserve pendant la durée de sa peine les droits dont il peut faire usage, comme celui de consentir au mariage de ses enfants.

Mais la première véritable déchéance formellement prononcée par le Code pénal se trouve dans l'art. 335 qui dispose que, dans le cas d'excitation de mineurs à la débauche, le coupable, père ou mère, sera privé des droits et avantages à lui accordés sur la personne et les biens de l'enfant par le Code civil, liv. I, tit. IX De la puissance paternelle. Remarquons que la déchéance s'applique restrictivement aux droits dont il est parlé au titre cité, et uniquement vis-à-vis de l'enfant dont les parents ont excité ou favorisé la débauche.

L'art. 66 du Code pénal et la loi du 5 août 1850 enlèvent également aux parents la plupart des droits de la puissance paternelle, d'abord en envoyant dans une maison de correction, d'après l'art. 66, les enfants mineurs acquittés comme ayant agi sans discernement, et par conséquent, en enlevant aux parents le droit de garde ; et ensuite en déterminant, d'après la loi de 1850, l'éducation et l'instruction qui seront données aux jeunes détenus condamnés ou acquittés. En outre, l'art. 19, d'ailleurs inexécuté, de cette même loi, décide que les jeunes détenus de certaines catégories seront, à l'époque de leur libération, placés sous le patronage de l'Assistance Publique pendant trois ans au moins, de telle sorte que les parents ne peuvent exercer à peu près aucun des droits de la puissance paternelle.

D'autres lois portent également atteinte à la puissance paternelle, mais sans constituer une déchéance : telles sont les lois du 22 mars 1841 et du 19 mai 1874 sur le travail des enfants dans les manufactures, et celle du 28 mars 1882 sur l'enseignement primaire obligatoire.

Mais, par contre, la loi du 7 décembre 1874 établit deux

cas véritables de déchéance. L'art. 2 décide que les pères et mères qui livreront leurs enfants mineurs de seize ans aux acrobates, vagabonds, et mendiants, pourront être déchus de la puissance paternelle, et que les tuteurs qui agiront de même à l'égard de leurs pupilles seront de plein droit déchus de la tutelle. L'art. 3 décide également ment que les pères, mères et tuteurs, qui emploieront habituellement à la mendicité leurs enfants ou pupilles mineurs de seize ans pourront être privés de la puissance paternelle, ou destitués de la tutelle.

Si nous voulons nous résumer, nous dirons que le Code civil n'établit pas de garanties contre les abus de la puissance paternelle, et que l'autorité du père a revêtu le caractère d'un droit indélébile qui ne peut être atteint par aucune déchéance ; le législateur a le tort de ne pas vouloir supposer qu'un homme puisse manquer à ses devoirs de père. Plus tard dans certains cas où le père se montre indigne d'être revêtu de sa puissance paternelle, quelques lois viennent lui restreindre ou lui enlever cette puissance ; deux textes établissent même une véritable déchéance, ce sont l'art. 335 du Code pénal pour excitation de mineurs à la débauche, et la loi du 7 décembre 1874 sur les professions ambulantes. Mais ces textes sont insuffisants car ils sont loin de comprendre tous les cas où l'enfant a besoin, pour rester honnête, d'être enlevé à des parents indignes ou tout au moins négligents. C'est pourquoi la jurisprudence a consacré une doctrine fort, contestable au point de vue du droit

pur, mais qui a pour excuse les résultats pratiques que
l'on a obtenus.

Comme nous l'avons dit, aucun texte, en dehors de
ceux cités plus haut, ne permettait aux tribunaux de
prononcer contre des parents indignes la déchéance de
la puissance paternelle, aussi la jurisprudence crut pouvoir enlever, sur la demande du tuteur ou du subrogé-
tuteur, sur celle de la famille, et peut-être même sur
celle de l'enfant, non cette puissance elle-même, mais
l'exercice de quelques-uns des droits dont les pères et
mères étaient investis, notamment leur retirer l'exercice
des droits de garde et d'éducation.

Le raisonnement que fait la jurisprudence pour arriver à établir cette théorie est spécieux et fort contestable ; voici en quoi il consiste : la puissance paternelle, dit
la jurisprudence, a été organisée par le Code civil dans
l'intérêt exclusif de l'enfant ; or, qui dit intérêt légitime
dit une action pour le défendre ; il n'est pas besoin pour
cela d'un texte spécial : en toute matière les personnes
peuvent s'adresser aux tribunaux pour faire valoir leurs
droits méconnus. En outre, il résulte des travaux préparatoires que l'intention du législateur a été de reconnaître expressément ce droit, et que c'est par suite d'un
malentendu que cette intention ne s'est pas réalisée. En
outre, ne peut-on pas appliquer au père les règles de
l'art. 444 ? Tels sont les principes sur lesquels s'appuie
la théorie de la jurisprudence. Quant aux motifs qui
guident les tribunaux, ils sont de différente sorte :

c'est surtout en se basant sur les mauvais traitements infligés aux enfants et sur l'indignité des parents que les tribunaux prescrivent ces mesures ; cependant on voit des jugements basés sur le simple intérêt des enfants, sur leur santé par exemple, et sur l'impossibilité où se trouvent les parents de leur donner les soins qu'exigeait leur état [1].

C'est surtout en ce qui concerne les pères et mères naturels que les tribunaux se sont reconnu un pouvoir discrétionnaire pour modifier et même suspendre le libre exercice de la puissance paternelle [2], mais les décisions ne sont pas rares quand il s'agit d'un père ou d'une mère survivant, et surtout d'un père ou d'une mère exclu ou destitué de la tutelle [3] ; on peut même citer deux jugements ou arrêts retirant la garde de leur enfant à deux époux menant la vie commune [4].

Quelles que fussent les raisons pour lesquelles un semblable jugement était rendu, le résultat était de confier la garde et l'éducation de l'enfant ainsi enlevé à ses parents, soit à un tuteur, soit à un ascendant, ou d'en prescrire le placement dans des maisons d'éducation où les parents devaient pouvoir le visiter dans des conditions déterminées.

Si la jurisprudence est fixée d'une façon unanime dans

[1] Seine, 15 déc. 1869 — Caen, 27 juillet 1875.
[2] Lyon, 6 mars 1859 — Paris, 10 avril 1872.
[3] Cass., 3 mars 1856, 15 mars 1864, 27 janvier 1879.
[4] Seine, 15 déc. 1869 — (C. de Bordeaux, 29 février 1871.

le sens de l'attribution aux tribunaux d'un pouvoir supérieur de contrôle sur l'exercice de la puissance paternelle,
la doctrine est moins convaincue, pendant que certains
auteurs adhèrent à la théorie de la jurisprudence, les
autres soutiennent que jamais l'absence d'un texte ne
peut être suppléée par l'interprète, et que l'art. 444 du
Code civil est spécial à la tutelle, et ne peut être
étendu à la puissance paternelle.

Il faut bien l'avouer, la théorie de la jurisprudence ne
repose guère que sur un intérêt d'ordre public et non
sur des textes, mais elle offre en outre un autre incon-
vénient, c'est que ce retrait de puissance paternelle doit
être demandé : or, dans bien des cas, l'enfant maltraité
ou moralement abandonné n'a pas de famille qui puisse
former une demande judiciaire, dans les classes po-
pulaires surtout, où la question se pose le plus souvent.

Aussi les établissements charitables qui s'étaient cons-
titués pour élever les enfants moralement abandonnés,
avaient-ils pris l'habitude de conclure avec les parents des
contrats *sui generis* par lesquels ceux-ci abandonnaient
au profit de l'établissement leur pouvoir paternel. Tant
que l'enfant ne pouvait se livrer à un travail productif,
le contrat était respecté, mais une fois qu'il avait atteint
l'âge où il pouvait rendre des services, il était réclamé par
son père qui opposait au contrat le caractère d'incessibi-
lité de la puissance paternelle. On essaya d'ajouter une
clause pénale au contrat, mais le résultat était le même,

car le père était le plus souvent insolvable, et l'enfant ne pouvait rester comme gage de la créance.

Devant toutes ces difficultés l'Assistance publique se décida, en 1881, à utiliser la vaste organisation du service des enfants assistés en faveur des moralement abandonnés qu'il lui était possible de recueillir ; mais le nombre en était relativement restreint : c'étaient les enfants que leurs parents confiaient à l'Assistance, ou ceux qui lui étaient adressés par les magistrats du petit parquet ou la Préfecture de Police ; mais il était impossible de recueillir les enfants les plus dignes d'intérêt, ceux que leurs parents emploient à la mendicité, et que par conséquent ils se garderaient bien de mettre sous la protection de l'Assistance ; et d'un autre côté l'Assistance, pour exercer dans sa plénitude son pouvoir de protection, avait besoin d'une loi lui donnant une tutelle analogue à celle qu'elle possède sur les enfants assistés. Ce fut la loi du 24 juillet 1889 qui vint consacrer juridiquement ce que la société réclamait depuis nombre d'années.

CHAPITRE IV

Ce fut après la création par l'Assistance publique de
Paris du service des enfants moralement abandonnés et
vagabonds, et après la fondation, par M. Bonjean, de
la Société de protection des enfants malheureux ou coupables, que le Gouvernement jugea le moment venu de
s'occuper de cette intéressante question, et décida la
réunion, au ministère de la Justice, d'une commission
extra-parlementaire. S'emparant des principes adoptés
par la Société des Prisons, le Garde des Sceaux posa
nettement les points principaux qui devaient faire l'objet
des études de cette commission : recherche des cas de
déchéance de la puissance paternelle, organisation de la
tutelle après la déchéance, enfin titre spécial pour la
protection des mineurs recueillis par l'Assistance publique, la charité privée, ou les particuliers.

C'est du travail de cette commission extra-parlementaire de 1881 qu'est née la loi du 24 juillet 1889 ; quant

aux phases intermédiaires par lesquelles a passé le projet de loi, de 1881 à 1889, avant d'être voté par le Parlement, voici ce qu'on en peut dire : il fut présenté par le Gouvernement au Sénat en 1881, mais il fut englobé dans un projet plus vaste préparé par M. Roussel, projet qui fut rejeté à cause même de son étendue et des dépenses qui en étaient la conséquence. En 1888 le Gouvernement reprit le projet primitif élaboré à la Chancellerie, et le soumit concurremment au Conseil d'État et au Conseil supérieur de l'Assistance publique. Le Garde des Sceaux et le Ministre de l'Intérieur adoptèrent la rédaction de cette dernière Assemblée, et présentèrent aux Chambres le projet de loi qui fut votée : la promulgation eut lieu le 24 juillet 1889.

Quel caractère présente la loi du 24 juillet 1889 ? Les opinions sont partagées, et chacune d'elles peut s'appuyer sur de nombreux arguments. Suivant les uns la loi serait purement administrative ; le titre II tout entier s'occupe de questions d'assistance publique ou privée, et son but est de favoriser ces établissements dans l'œuvre d'éducation des enfants moralement abandonnés qu'ils entreprendront à l'avenir ; le titre Ier, il est vrai, prévoit le cas où l'on constituera une tutelle d'après le Code civil, mais ce n'est guère là que l'exception, étant donné le milieu social où se trouvera l'enfant, milieu composé en général d'ouvriers ou d'artisans, où les parents collatéraux sont unis par des liens bien fragiles ; le plus souvent ce sera l'Assistance publique qui aura la tutelle des enfants, de telle sorte que l'on peut dire que la loi est dans la pensée de ses auteurs une loi véritablement administrative, complémentaire de la législation des enfants assistés.

Les autres prétendent, au contraire, que la loi est une loi civile, en ce sens qu'elle touche à l'état des personnes, qu'elle influe sur l'organisation de la puissance paternelle et de la tutelle, et que, dans la plupart des cas, ce sera, d'après l'art. 9, aux tribunaux civils à organiser la tutelle ; du reste telle paraît être l'opinion de M. Roussel, qui s'est prononcé dans ce sens au Sénat en 1883 et a cité l'exemple de l'Allemagne dont les lois sur le retrait de la puissance paternelle ont un caractère purement civil. La preuve du reste que la déchéance de la puissance paternelle n'est pas une peine, c'est qu'elle peut être prononcée par les tribunaux civils, et que cette puissance peut, dans les cas prévus aux §§. 5 et 6 de l'art. 2, être rendue aux parents par mesure gracieuse du tribunal sans qu'il y ait lieu pour eux à se faire réhabiliter : l'art. 15 le décide explicitement.

Dans une troisième opinion, on soutient enfin que la loi sur la déchéance paternelle est une loi pénale : en effet, si on enlève à un homme des droits que la nature a conférés à tous, on le frappe d'une peine ; la déchéance des droits civiques, civils et de famille, celle des droits politiques sont des peines, et la preuve en est que le seul cas de déchéance de la puissance paternelle prévue par nos codes se trouve dans l'art. 335 du Code pénal.

Enfin d'après l'art. 9 les tribunaux répressifs ont le droit de statuer sur la déchéance de la puissance paternelle, et c'est à leur défaut seulement que les tribunaux civils deviennent compétents.

Quant à nous, au milieu de ces systèmes qui tous peuvent se défendre par de bons arguments, voici ce que nous dirons : la loi de 1889 est une loi complémentaire de la législation des enfants assistés ; bien que d'un caractère mixte, elle est avant tout administrative, elle a eu pour but de placer sous la protection de l'autorité administrative certaines catégories d'enfants malheureux : c'est au pouvoir judiciaire que la loi a confié la mission de conférer aux services publics d'assistance et aux œuvres privées les pouvoirs de tutelle indispensables pour exercer leur action bienfaisante, et le pouvoir judiciaire intervient tantôt pour déclarer un père indigne de la puissance paternelle et la lui retirer, comme dans le titre I, tantôt pour homologuer une sorte de cession de la puissance paternelle entre les parents et l'établissement de bienfaisance, de telle sorte qu'on peut dire que la loi est administrative par son but, civile par l'intervention des tribunaux civils, et pénale relativement à certaines causes qui font prononcer la déchéance. C'est, remarquons-le, la première fois que le pouvoir judiciaire et le pouvoir administratif se trouvent ainsi étroitement liés ; il y a, dira-t-on, confusion de pouvoirs, mais n'oublions pas que c'est dans un but de charité et d'humanité. Peut-être est-ce là cependant la raison pour laquelle certains tribunaux hésitent à appliquer la loi du 24 juillet 1889.

Si, après avoir déterminé le caractère de la loi du 24 juillet 1889, nous abordons son étude, voici ce que nous remarquons. Cette loi se divise en deux titres qui pourraient à la rigueur former deux lois distinctes, mais que le but commun de protéger l'enfant moralement abandonné a fait réunir en une seule. Chacun de ces deux titres correspond à une cause d'abandon moral : le premier vise le cas où les parents, par leur inconduite, se sont montrés indignes de diriger l'éducation de leurs enfants ; le second, le cas où les parents, par suite de leurs infirmités, ou de causes indépendantes de leur volonté, sont dans l'impossibilité de diriger leurs enfants au mieux de leurs intérêts pécuniaires et moraux. Aussi tandis que dans le titre II le tribunal civil intervient seul pour ratifier le contrat de délégation de puissance paternelle, sur dix cas de déchéance prévus par le titre I, le tribunal de répression doit dans neuf de ces cas avoir rendu un jugement de condamnation sur lequel doit se baser cette déchéance. Le législateur lui-même a fait nettement la distinction entre les deux titres de la loi en donnant à chacun d'eux un intitulé ; le premier s'intitule : *De la déchéance de la puissance paternelle*, le second : *De la protection des mineurs placés avec ou sans l'intervention des parents*.

Nous pouvons donc étudier ces deux titres comme deux lois distinctes, et les analyser dans l'ordre établi par la loi.

Dans l'étude du titre I nous diviserons notre travail en autant de parties qu'il y a de chapitres, c'est-à-dire en trois, et nous subdiviserons les chapitres suivant ce qui sera nécessaire pour la clarté de notre sujet.

Le chapitre I du titre I peut se diviser à son tour en quatre parties où nous étudierons successivement :

1° Les causes de la déchéance ;

2° L'étendue de la déchéance ;

3° Les personnes qui en sont frappées ;

4° La procédure.

CHAPITRE V

CAUSES OBLIGATOIRES DE DÉCHÉANCE DE
LA PUISSANCE PATERNELLE

Les causes de déchéance sont de deux sortes : les
unes sont obligatoires et sont prévues par l'art. 1er, les
autres sont facultatives et sont énumérées dans l'art. 2.

Les père et mère et ascendants sont déchus « de plein
droit » dit l'art. 1er. Que faut-il entendre par ces mots
« de plein droit ». Sans nul doute les tribunaux qui prononcent les condamnations énumérées dans cet article
doivent prononcer également la déchéance de la puissance paternelle ; mais qu'arrivera-t-il si par oubli les
tribunaux répressifs sont restés muets ? n'y a-t-il déchéance que si les tribunaux l'ont formellement décidé,
ou existe-t-elle par le seul fait de la condamnation qui
devait l'entraîner ? Les personnes qui voudraient soutenir la première opinion se mettraient en contradiction
avec le texte de la loi et avec l'intention du législateur.
En effet, les mots de l'art. 1er « de plein droit » n'indi-
quent-ils pas une peine accessoire encourue sans avoir

besoin d'être prononcée, comme la dégradation civique et l'interdiction légale qui résultent, sans qu'il soit nécessaire de les mentionner, de certaines condamnations. De plus, lors de la discussion du projet primitif en 1883 au Sénat, M. Noirot, sous-secrétaire d'Etat au ministère de la Justice, a dit nettement que la déchéance, dans le cas de l'art. 1er, n'a pas besoin d'être prononcée pour exister, et si nous consultons les travaux de la Commission extra-parlementaire d'où est sortie la loi, nous voyons le rapport suivant : « La portée de ces déchéances étant ainsi déterminée, indiquons de suite qu'il existera un certain nombre de cas où les tribunaux n'auront même pas à les prononcer. La présomption d'indignité qui s'attachera à certaines condamnations sera tellement évidente qu'elles emporteront de plein droit la déchéance ». Telles sont les raisons sur lesquelles on doit s'appuyer pour dire que la déchéance de la puissance paternelle, dans les cas prévus par l'art. 1er, accompagne *de plano* la condamnation, et constitue une sorte de peine accessoire qui frappe les condamnés sans avoir besoin d'être prononcée.

Les causes de déchéance de plein droit sont au nombre de quatre. La première prévue par l'art. 1er aura lieu si les père et mère ou ascendants sont condamnés par application du paragraphe 2 de l'art. 334 du Code pénal. Cet article prévoit le cas d'excitation habituelle à la débauche d'enfants mineurs au-dessous de 21 ans par leurs parents. Il ne faudrait pas croire que l'art. 1er de la loi de 1889 ne fait que rappeler un cas déjà prévu par l'art. 335 du même Code qui prononce la déchéance de la puissance paternelle quand la débauche de ces mineurs a été favorisée par les père et mère ; la loi nouvelle embrasse un bien plus grand nombre de cas et frappe le coupable de peines beaucoup plus sévères ; si nous cherchons les différences qui existent entre l'art. 1er de la loi de juillet 1889 et l'art. 335 du Code pénal nous voyons :

1° D'une part, la déchéance du Code pénal ne comprend que les droits énumérés dans les art. 372 à 387 du Code civil ; au contraire la déchéance établie par l'art. 1er de la loi que nous analysons, comprend outre les droits énumérés dans l'art. 335 du Code pénal beaucoup d'autres droits compris dans quinze autres articles et que nous examinerons plus tard.

2° La déchéance établie par l'art. 1er a lieu de plein droit comme nous venons de le démontrer, tandis que celle établie par le Code pénal doit être prononcée dans le jugement : telle est du moins la doctrine de la plupart des auteurs, quoique quelques-uns soutiennent la théorie contraire.

3° Sous l'empire de la loi nouvelle, la déchéance n'est pas encourue seulement vis-à-vis de l'enfant corrompu, comme dans le Code pénal, mais vis-à-vis de tous les enfants et descendants du condamné, l'art. 1er ne faisant pas de restriction.

4° Et inversement il n'est pas nécessaire que le délit d'excitation à la débauche soit commis vis-à-vis d'un des descendants du coupable, il suffit que l'enfant débauché soit confié à sa garde, à titre de pupille ou autrement, tout aussi bien qu'à titre d'enfant ; toutefois cette théorie est controversée, et certains auteurs pensent que la loi, dans son art. 1er paragraphe 1er, n'a voulu que confirmer et généraliser le paragraphe 2 de l'art. 335 ; suivant ces auteurs, il faudrait, pour qu'il y ait déchéance, que ce soit un de ses enfants dont le condamné ait voulu favoriser la corruption.

Il faut, pour que la déchéance de la puissance paternelle ait lieu, que le jugement de condamnation pour excitation de mineurs à la débauche soit irrévocable, c'est-à-dire ne soit plus susceptible d'opposition ou d'appel ou de cassation ; mais cette déchéance subsistera-t-elle malgré le bénéfice accordé au coupable par la loi du 26 mars 1891 sur l'atténuation ou l'aggravation des peines? Si nous examinons l'art. 2 de ladite loi, nous voyons dans le paragraphe 2, que la suspension accordée par la loi ne s'applique pas aux peines accessoires et aux incapacités résultant de la condamnation ; la déchéance de la puissance paternelle rentrant dans cette catégorie de peines, devra donc subsister quoique le jugement principal ne soit pas mis lui-même à exécution. Qu'arrivera-t-il si le coupable n'encourt aucune poursuite suivie de condamnation à l'emprisonnement pendant les cinq ans qui suivent le jugement, et bénéficie ainsi de la loi Bérenger? Quoique cette question rentre dans l'examen de la restitution de la puissance paternelle, disons seulement ici que si cette réhabilitation de droit est utile pour obtenir cette restitution, elle n'est pas suffisante.

La deuxième cause de déchéance prévue par l'art. 1er consiste dans la condamnation soit comme auteur, coauteur ou complice d'un crime commis sur la personne d'un ou de plusieurs de ses enfants, soit comme coauteur ou complice d'un crime commis par un ou plusieurs de ses enfants.

On peut faire sur ce paragraphe plusieurs remarques : d'abord la cause prévue est en réalité double : d'une part il s'agit d'un crime commis contre ses enfants, et d'autre part d'un crime commis comme coauteur ou complice de ses enfants. En outre, il faut qu'il existe entre le père qui encourt la déchéance et la victime ou le complice, suivant les cas, un lien de filiation nettement indiqué par la loi ; peu importe que la filiation soit légitime ou naturelle, la loi ne distingue pas, pourvu toutefois qu'elle soit légalement et régulièrement constatée, et elle peut l'être par l'acte de naissance pour l'enfant légitime, par reconnaissance volontaire pour l'enfant naturel, et exceptionnellement par jugement pour la maternité naturelle, la recherche de la paternité naturelle étant défendue par le Code civil. Encore faut-il, dans le cas de recherche de la maternité, que le jugement ait été obtenu par l'enfant ou ses héritiers qui seuls ont ce droit de recherche. Hors ces cas, les tribunaux n'ont pas le droit d'appliquer le paragraphe 2 de l'art. 1er, quand bien même la filiation serait constante en fait, si elle n'est pas légalement établie.

Que faut-il décider pour la filiation adoptive ? A notre avis elle ne doit pas être ici prise en considération ; en effet, sauf les droits successoraux, l'adopté n'est pas l'enfant de l'adoptant qui n'a sur lui aucun des droits de la puissance paternelle. Pour que l'hypothèse puisse se présenter, il faut supposer qu'un enfant légitime est né après l'adoption, ce sera vis-à-vis de ce dernier que la question de la déchéance de la puissance paternelle se posera, et non vis-à-vis de l'enfant adoptif. Remarquons également que l'âge de l'enfant importe peu, la loi ne distinguant pas s'il est majeur ou mineur.

Une troisième condition pour que l'on se trouve dans le cas prévu par le paragraphe 2 de l'art. 1er, c'est que l'acte qui est cause de la déchéance soit un crime ; peu importe la peine, comme le montre le rejet à la Chambre des Députés d'un amendement de M. Boreau-Lajanadie qui exigeait que la peine fût au moins d'un an d'emprisonnement ; il faut, mais il suffit, que le fait constitue un crime ; donc il y a lieu à déchéance quand, par suite de circonstances atténuantes, la peine se transforme en une peine correctionnelle, mais il n'en serait pas de même, du moins suivant notre opinion, si le jury écartait une circonstance aggravante et changeait ainsi le crime en délit.

Le paragraphe 2 prévoit comme première cause de déchéance un crime commis par les parents sur la personne d'un ou plusieurs de leurs enfants. Faut-il que ce crime affecte la personne physique de l'enfant, qu'il y ait violences matérielles ou directes sur son corps, ou bien peut-on compter dans cette catégorie les crimes commis par les parents *contre* la personne de leurs enfants, tels que l'enlèvement de mineurs, le faux témoignage contre ces enfants, ou la subornation de témoins?

Cette théorie paraît bien subtile, et si nous considérons le but de la loi qui est la protection des enfants moralement abandonnés, nous pouvons dire que le père s'est montré aussi indigne des droits de puissance paternelle que la loi lui confie dans le cas de tentative d'assassinat sur son enfant que dans celui où par son faux témoignage il fait condamner son fils à la peine capitale, par exemple. Du moment où le père commet un crime contre son fils, matériellement ou moralement, la déchéance s'impose.

Les crimes commis sur la personne de l'enfant sont nombreux, et il serait trop long de les énumérer tous ; examinons-en seulement deux qui offrent certaines particularités : l'infanticide est un crime rentrant dans la catégorie des crimes visés par le paragraphe 2, et cependant, le plus souvent, il n'entraînera pas la déchéance vis-à-vis des autres enfants. En effet, le plus fréquemment il sera commis sur des enfants naturels non reconnus, et dans ce cas la filiation n'étant pas légalement constatée, il n'y aura pas lieu à déchéance comme nous l'avons déjà dit : telle est la solution à laquelle on est juridiquement conduit, quoiqu'elle paraisse bizarre, puisque

dans le cas le plus fréquent il n'y aura pas lieu à déchéance.

Le crime de suppression d'enfants entraîne-t-il la déchéance de plein droit ? La question se pose si l'on examine l'art. 2 qui dans son paragraphe 2 nous dit qu'on
peut déclarer déchus de leurs droits de puissance paternelle « les père et mère condamnés deux fois pour un
des faits suivants : séquestration, suppression, exposition
ou abandon d'enfants, ou pour vagabondage. » L'art 2
abroge-t-il l'art. 1er, et doit-on exiger deux condamnations ? Tel paraît avoir été l'avis de la Cour d'Assises de
la Drôme qui, par arrêt du 26 octobre 1889, déclarait
que le fait n'ayant été commis qu'une fois, il n'y
avait pas lieu à déchéance. Mais cet arrêt fut cassé
le 8 mars 1890 dans l'intérêt de la loi, et la Cour de
Cassation déclara que dans le fait précité la déchéance
était de plein droit. Voici les deux arguments sur lesquels
se fondait la Cour suprême : l'art. 345 du Code pénal qui
prévoit la suppression d'enfant est ainsi conçu : « Les
« coupables d'enlèvement, de recélé ou de suppression
« d'un enfant, de substitution d'un enfant à un autre, ou
« de supposition d'enfant à une femme qui ne sera pas
« accouchée, seront punis de la réclusion.

« S'il n'est pas établi que l'enfant ait vécu, la peine
« sera d'un mois à cinq ans d'emprisonnement.

« S'il est établi que l'enfant n'a pas vécu, la peine
« sera de six jours à deux mois d'emprisonnement. »

Si nous rappelons que les délits sont les faits punis de

peines correctionnelles et que les crimes sont ceux punis de peines criminelles, nous pouvons dire qu'il y a délit quand l'enfant n'a pas vécu ou qu'il n'est pas prouvé qu'il ait vécu, et qu'il y a crime quand l'enfant a vécu et que son existence a été prouvée.

L'art. 345 du Code pénal nous donne l'explication de la contradiction apparente entre les deux cas prévus par les art. 1 paragraphe 2 et art. 2 paragraphe 2 de la loi de 1889 ; quand la suppression d'enfant constituera un crime il y aura lieu d'appliquer l'art. 1er, la déchéance aura lieu de plein droit et après une seule suppression ; quand elle constituera un délit, cette déchéance sera facultative, mais il faudra deux faits constitutifs de suppression.

C'est dans ce sens qu'il faudra entendre le mot *faits* de l'art. 2 paragraphe 2. Ce mot signifie ici délit par opposition à crime ; cette qualification avait été adoptée par les rédactions primitives du projet, et c'est au Conseil d'Etat que le mot *faits* fut substitué involontairement à délits, mais rien ne prouvant que l'intention du législateur ait changé, il faut lui conserver son sens primitif de délit ; tel est le premier argument de la jurisprudence. Quant au second voici en quoi il consiste : l'art. 1 et l'art. 2, chacun dans leur parag. 2, prévoient des circonstances différentes ; l'art. 1 exige que le crime soit commis par le coupable sur ses propres enfants, l'art. 2, au contraire, n'exige aucun lien de parenté entre l'auteur et la victime.

Voilà comment la Cour de Cassation explique la contradiction apparente des deux articles de notre loi.

Certains auteurs, avec plus de subtilité que de justesse, ont soutenu la théorie de la cour d'Assises de la Drôme en prétendant qu'il y avait crime non *sur* la personne, mais *contre* la personne et contre l'état civil ; en admettant même cette théorie, comment concilier les deux articles dans le cas de séquestration, exposition et abandon d'enfant qui constituent toujours des faits *sur* la personne ? Cette argumentation ingénieuse est inapplicable dans ces hypothèses et cela suffit pour nous la faire rejeter.

La deuxième partie du paragraphe 2 prononce la déchéance de la puissance paternelle pour le père qui a été condamné comme coauteur ou complice d'un crime commis par un ou plusieurs de ses enfants ; c'est le cas où l'enfant a été une sorte de victime morale de ses parents, par opposition au cas où il en a été une victime matérielle comme le suppose la première partie de l'article. Ses parents, en l'employant ou en l'aidant dans le crime commis, se sont montrés des êtres indignes et la déchéance est la conséquence de cette indignité.

La loi exige que le père soit condamné, mais doit-il l'être exclusivement à titre de coauteur ou de complice ? ne peut-il pas l'être comme auteur principal ayant ses enfants comme complices ; la négative serait à notre avis contraire à l'esprit du législateur ; ce qu'on a voulu voir, c'est la coopération au même crime, coopération qui

montre l'indignité du père de famille et doit entraîner sa
déchéance, qu'il soit condamné comme auteur principal
ou comme complice ; il ne faut pas voir seulement en lui
un associé à l'acte coupable, il faut voir avant tout le
corrupteur moral. Du reste la loi n'étant pas une loi pénale, les termes de l'article ne doivent pas recevoir forcément une interprétation restrictive.

Quelles conditions exige la loi quant à la culpabilité de
l'enfant ? S'il est condamné il n'y a pas d'hésitation possible, mais que décider dans le cas où il est acquitté
comme ayant agi sans discernement, ou s'il bénéficie
d'une excuse légale ? Le même raisonnement doit nous
donner la solution de cette difficulté ; le fait est aussi ré-
préhensible pour le père dans ces deux cas que si l'enfant
était condamné ; il s'est montré un corrupteur moral, on
doit lui enlever ses droits de puissance paternelle. Mais
si l'enfant a été acquitté purement et simplement à quelque titre que ce soit, nous ne rentrons plus dans les conditions de la loi, le père est pour ainsi dire seul auteur
sans coauteur ni complice, il n'y a pas lieu d'appliquer
le paragraphe 2 de l'art. 1er.

Remarquons que la loi n'exige pas la minorité de
l'enfant coupable, et que tous les crimes rentrent dans
le cas visé par le paragraphe 2, qu'ils soient prévus par
le Code pénal ou des lois spéciales, qu'ils constituent des
crimes contre l'Etat ou contre les particuliers, des crimes contre les personnes ou contre la propriété.

L'art. 1er dans son paragraphe 3 prévoit comme nou-

velle cause de déchéance les cas où les père et mère ou
ascendants sont condamnés deux fois comme auteurs,
coauteurs ou complices d'un délit commis sur la personne
d'un ou plusieurs de leurs enfants. Ce paragraphe est
analogue au précédent, mais au lieu d'un crime il exige
deux délits ; on devra donc résoudre de la même façon
les questions déjà étudiées sur la nature du fait, sa qualification, le lien qui unit l'auteur et la victime,etc...; mais
il est un fait nouveau sur lequel on doit insister, c'est le
nombre de délits exigés par la loi. Le projet sénatorial
de 1882, dans son art. 20 qui correspond à l'art 1er de
la loi de 1889, employait ces mots : « s'il sont condamnés en récidive. » Faut-il qu'il y ait véritablement
récidive? La loi du 26 mars 1891 qui modifie l'art. 58 du
Code pénal déclare que, pour qu'il y ait récidive, il faut
que le second délit soit consommé dans le délai de cinq
ans à partir du jour de l'expiration ou de la prescription
de la première peine, et qu'il soit identique au premier.
La loi de 1889 n'exige rien de semblable : il faut, dit-
elle, deux condamnations, c'est-à-dire qu'il faut, à notre
avis, que la seconde condamnation intervienne quand la
première est devenue irrévocable, c'est-à-dire n'est plus
susceptible d'une voie de recours ; voilà dans quel sens il
faudra entendre le mot récidive employé dans le projet
de 1882, mot qui a du reste disparu dans la crainte
même de faire croire qu'on exigeait les conditions de la
récidive ordinaire.

Que décider dans le cas où l'on a accordé au condamné

lors de sa première condamnation le bénéfice de la loi
Bérenger ? Trois cas peuvent se présenter : ou bien
pendant les cinq ans qui suivent l'expiration ou la prescription de la peine, aucune autre condamnation n'intervient, la première est considérée comme n'ayant jamais
existé et ne devra plus compter ; ou bien une condamnation nouvelle est prononcée dans ce délai : si elle consiste en emprisonnement, la déchéance a lieu de plein
droit, mais que décider si les juges ne prononcent que
l'amende ? A notre avis, la première condamnation
n'étant pas encore considérée comme inexistante, et les
conditions exigées par la loi de 1889 se trouvant réunies,
il doit y avoir lieu à déchéance.

L'analogie qui existe entre le paragraphe 3 de l'art. 1er et
la première partie du paragraphe 2, ne doit pas être
étendue à la seconde partie du même paragraphe 2 ; la
condamnation pour deux délits commis comme coauteur
ou complice de ses enfants n'entraîne pas déchéance de
la puissance paternelle, car outre le silence du texte,
nous voyons qu'une proposition dans ce sens faite par
M. Boreau-Lajanadie fut repoussée par la Chambre [1].

Le paragraphe 4 de l'art. 1er prononce la déchéance
de la puissance paternelle contre les pères, mères, ou
ascendants, condamnés deux fois pour excitation habituelle de mineurs à la débauche, par application de
l'art. 334 paragraphe 1er du Code pénal.

[1] Tr. Pont-Audemer, 28 nov. 1890. Rapp. insp. Eure, n° 17.

Le cas prévu par le paragraphe 4 ne fait pas double emploi avec le paragraphe 1er, il diffère du premier en ce qu'il n'exige pas que les mineurs dont on a facilité la débauche soient les enfants du coupable, ou soient au moins confiés à sa garde, mais il faut que, d'autre part, il y ait une sorte de récidive. Ce mot récidive doit être entendu dans le sens restreint que nous lui avons précédemment donné, c'est-à-dire que le second délit doit être commis quand la première condamnation est devenu irrévocable. Nous verrons que le paragraphe 4 de l'article suivant s'occupe aussi d'un cas d'excitation de mineurs à la débauche, et lorsque nous étudierons cet article, nous pourrons établir une sorte d'échelle de peines suivant les circonstances où ce délit s'est produit.

CHAPITRE VI

CAUSES FACULTATIVES DE DÉCHÉANCE DE LA PUISSANCE
PATERNELLE

Les faits prévus dans l'art. 1er sont des faits exception-
nels, et leur rareté vient de leur gravité même, aussi
comprend-on que la déchéance ait lieu de plein droit dans
ces cas heureusement peu fréquents ; mais si la loi s'était
bornée à protéger l'enfant dans les seules circonstances
prévues par l'art. 1er, la loi de 1889 eût été d'une application rare ; aussi le législateur ne s'est-il pas contenté
des cas de déchéance déjà étudiés, et en a prévu un plus
grand nombre ; mais si l'enfant a toujours besoin de
protection, les faits dont le père s'est rendu coupable
n'offrent pas toujours la même gravité ; il y a lieu de la
part des tribunaux à une certaine appréciation, et c'est
pourquoi la loi ne rend pas dans ces cas la déchéance
obligatoire, mais laisse les juges libres de l'appliquer ou
de ne pas l'appliquer suivant l'indignité plus ou moins
grande du père : ce que doit envisager le tribunal, c'est
ce qu'exige l'intérêt de l'enfant ; la moralité ou la santé

de cet enfant court-elle quelque danger si le père reste revêtu de la puissance paternelle, on doit prononcer la déchéance ; si, au contraire, le délit commis ne fait pas préjuger que la bonne éducation de l'enfant soit compromise, on ne doit pas profiter de la peine prononcée pour enlever au père les droits que le Code civil lui confère. Tel a été l'esprit de la loi qui dans l'art. 2 permet aux tribunaux, dans certains cas, d'enlever ou de laisser, à leur gré, au père reconnu coupable, ses droits de puissance paternelle.

L'art. 2 prévoit six cas de déchéance facultative ; le premier se trouve dans le paragraphe 1 : « Peuvent être « déclarés déchus des mêmes droits les père et mère con- « damnés aux travaux forcés à perpétuité ou à temps, « ou à la réclusion comme auteurs, coauteurs ou com- « plices d'un crime autre que ceux prévus par les art. 86 « à 101 du Code pénal. »

Il y a plusieurs remarques à faire sur cet article : ainsi il faut entendre les mots père et mère, non dans leur sens restreint, mais dans leur sens général d'ascendants exerçant les droits de la puissance paternelle. D'autre part, il faut noter que ce n'est pas seulement la qualification du fait délictueux commis qu'on prend en considération, mais aussi la peine appliquée, et en voici la raison : si le paragraphe 1er de l'art. 2 a autorisé les tribunaux à édicter la déchéance à la suite de condamnations pour crimes non politiques, c'est dans la seule pensée qu'il pourrait se présenter des circonstances où l'enfant serait de fait abandonné, et où, par conséquent, il pourrait assurer sa protection en le plaçant régulièrement sous la tutelle de l'Assistance publique. Avant la loi de 1889 les hospices dépositaires recueillaient en fait les enfants ainsi privés de leurs parents, mais d'une part la pratique variait suivant les départements, et d'autre part il était impossible de recueillir des enfants âgés de plus de douze ans ; la loi nouvelle est venue établir une règle fixe et applicable dans un bien plus grand nombre de cas, tout en permettant en outre à la famille d'acquérir des droits sur l'enfant par la constitution d'une tutelle.

La loi a excepté des crimes commis les crimes contre la sûreté de l'État ; or les crimes politiques ne sont pas punis de peines énumérées, aussi le Conseil d'État avait-il proposé la suppression de la partie restrictive du texte, mais le rapporteur du Conseil supérieur de l'Assistance Publique a fait remarquer que, dans le cas de récidive de crimes prévus par les art. 86 à 101, il pouvait y avoir lieu (art. 56. 6 C. P.) à une des peines de droit commun, aussi a-t-on laissé le texte tel quel.

Que doit-on décider dans le cas où une peine prévue par l'art. 2, § 1ᵉʳ est prononcée et est ensuite commuée en une peine non prévue par ce même article ? Si l'on remarque que la commutation d'une peine principale ne relève pas le condamné des peines accessoires, il faudra décider que, malgré toute remise ou commutation, la déchéance subsiste si elle a été prononcée. Mais la question est plus délicate si la première peine prononcée est la peine de mort. En effet, suivant une première opinion, comme on est en matière pénale puisqu'il s'agit de peines prononcées, tout est de droit strict, et l'on n'a pas le droit d'étendre cette déchéance à la peine de mort dont le texte ne parle pas. Une seconde opinion, moins sévère dans sa logique, mais plus pratique peut-être, prétend que si le texte n'a pas envisagé la peine de mort, c'est que, dans le cas le plus fréquent, la déchéance serait inutile puisque le père n'existe plus ; mais qu'il serait bizarre de voir un homme, condamné primitivement à mort et ayant obtenu une commutation de peine, mieux traité que celui condamné à une peine moins considérable ; la gravité de la peine, qui doit cependant être proportionnée à la gravité du crime, aurait, dans ce cas, le résultat de frapper le coupable d'une peine moins considérable; ce serait une véritable anomalie.

La déchéance est encore facultative pour les père et mère condamnés deux fois pour un des faits suivants : séquestration, suppression, exposition ou abandon d'enfants, ou pour vagabondage.

On se souvient de la théorie de la Cour de Cassation dans son arrêt du 8 mars 1890 pour expliquer la différence entre ce cas de déchéance facultative et le cas prévu par l'art. 1er paragraphe 2. Deux arguments étaient mis en avant : le premier c'est qu'il s'agissait dans l'article 2 d'enfants sans lien de parenté avec le coupable, tandis que l'art. 1er exigeait que la victime fût l'enfant du condamné ; le second argument consistait à dire que l'art. 1 prévoit un crime, l'art. 2 deux délits, le mot *fait* devant être pris dans le sens restrictif de délit.

Le premier argument n'est pas contestable, quant au second il conduit à ce curieux résultat, c'est que, par exemple dans le cas de deux crimes de séquestration, d'enfants ayant amené chacun une condamnation à une peine moindre que la réclusion (autrement on rentrerait dans le paragraphe 1er art. 2), il n'y a lieu ni à déchéance obligatoire puisque la victime n'est pas l'enfant du condamné, ni à déchéance facultative puisque le paragraphe 2 art. 2 prévoit des délits et que ce mot doit être pris dans le sens restrictif, car nous sommes en matière pénale. Toutefois, quelque bizarre que soit le résultat tiré du second argument de la Cour de Cassation, il n'en semble pas moins vrai que cette théorie soit conforme à la pensée du législateur ; si nous consultons les travaux préparatoires, nous voyons qu'on avait distingué deux cas différents : celui de condamnation pour un crime, et celui de deux condamnations pour délits ; le projet primitif a été changé et il n'est resté que la seconde partie du texte primitif. En outre, M. Brueyre, rapporteur de la loi près du Conseil supérieur de l'Assistance Publique, dit catégoriquement dans son rapport adressé au comité de défense des enfants traduits en Justice, que l'expression *faits* doit être entendue dans le sens de *délits*. Il faut reconnaître que si l'on doit entendre le mot dans ce sens, le législateur a mal rédigé la loi en oubliant le cas de deux crimes qui n'entraîneront pas la déchéance entraînée par deux délits.

La loi, en exigeant deux condamnations pour faits déterminés, a créé une sorte de récidive et nous résoudrons, comme nous l'avons fait pour le paragraphe 3 de l'art. 1er, les questions qui se posent à propos de la loi du 26 mars 1891 ; mais il est une question nouvelle que fait naître la spécialité de délits prévus par l'art. 2, paragraphe 2. Faut-il, pour qu'on applique la déchéance, que les deux condamnations soient prononcées pour le même délit, c'est-à-dire deux fois pour suppression d'enfant, ou deux fois pour séquestration d'enfant, etc., ou bien qu'elles le soient pour deux délits quelconques prévus par l'art. 2? Les avis sont partagés, et plusieurs opinions ont été émises. Suivant certains auteurs [1], la seule condition nécessaire serait que la première condamnation fût irrévocable au moment où se commet le second délit, peu importe que les deux condamnations soient prononcées pour un délit du même genre ou pour deux délits de genre différent ; du reste, la commission de la Chambre en 1884, introduisait la phrase incidente « quelle que soit la combinaison des condamnations », mais à ce moment on avait fait disparaître de la liste des délits celui de vagabondage. Suivant une seconde opinion les deux condamnations devraient être prononcées pour délit analogue, la récidive devant être spéciale et régie par les principes dont s'est inspirée la loi du 26 mars 1891.

[1] NILLUS. Déchéance de la puissance paternelle.

Une troisième opinion [1] voit dans le paragraphe 2 art. 2 deux classes de délits : d'une part, le délit de vagabondage et d'autre part les délits de séquestration, de suppression, d'exposition et d'abandon d'enfant. Il faut pour qu'il y ait récidive que les deux condamnations soient prononcées pour délits de même classe, ou bien pour deux délits de vagabondage, ou bien pour deux délits de l'autre classe, pour séquestration et pour suppression d'enfant, par exemple. Les raisons sur lesquelles s'appuie cette théorie reposent sur l'examen des travaux préparatoires de la loi et sur le texte de cette loi. Nous avons vu en effet que la commission de la Chambre en 1884 avait assimilé les délits de séquestration, de suppression, d'exposition et d'abandon d'enfant, et que ce n'est que plus tard qu'on a ajouté le délit de vagabondage sans le rattacher aux précédents : il y aurait donc deux familles de délits, si je puis m'exprimer ainsi. D'autre part, si l'on examine le texte, on voit que les premiers délits sont séparés entre eux par la simple conjonction alternative *ou*, tandis que le délit de vagabondage est séparé des précédents par les deux mots *ou pour*. C'est sur ces deux raisons d'historique de la loi et de texte, que s'appuie cette troisième opinion.

Quant à nous, nous devons, pour résoudre cette question, remarquer qu'il s'agit ici d'une déchéance facultative, et nous demander d'autre part quel est l'intérêt de l'enfant : c'est en effet exclusivement au point de

---

[1] LELOIR. Code de la puissance paternelle.

vue de cet intérêt que le juge devra se placer pour apprécier les faits ; la loi, il ne faut pas l'oublier, est une
loi de protection de l'enfance, et le tribunal devra profiter de toutes les libertés que la loi lui donne, pour prononcer la déchéance toutes les fois que l'intérêt de l'enfant l'exigera. En effet, si dans les cas de l'art 1er le juge
est obligé d'appliquer la déchéance, quelle que soit son
opinion personnelle, dans l'art. 2, au contraire, le législateur lui a donné le pouvoir d'apprécier, et nous verrons
même dans le paragraphe 6 que ce pouvoir a de bien fai-
bles limites. Aussi dirons-nous que toutes les fois que l'intérêt de l'enfant exigera qu'il soit enlevé à ses parents, et
que le juge trouvera deux condamnations pour délits
prévus par le paragraphe 2, il devra prononcer la déchéance dans quelque ordre et de quelque nature que
soient ces condamnations.

On se trouvera dans le troisième cas de déchéance facultative de la puissance paternelle quand les père et
mère auront été condamnés par application de l'art. 2,
paragraphe 2 de la loi du 23 janvier 1873 ou des art. 1,
2, 3 de la loi du 7 décembre 1874. Les conditions de la
loi pour ce nouveau cas de déchéance sont relatives soit
au genre de condamnations, soit à l'auteur du délit puni,
soit à la victime de ce délit.

Deux sortes de condamnations peuvent entraîner la
déchéance : d'abord si cette condamnation a été prononcée comme application de l'art. 2 parag. 2, de la loi du
23 janvier 1873, c'est-à-dire lorsqu'un individu a été

frappé dans l'espace de douze mois de deux condamnations en police correctionnelle pour ivresse publique. Ce
cas est un de ceux où la réserve la plus grande s'impose
aux tribunaux, il n'a été admis qu'avec la plus grande
difficulté au Conseil supérieur de l'Assistance Publique,
car, dans la vie ordinaire, et dans certains départements
où l'ivrognerie est un vice général, un ivrogne peut être
un excellent père et rendre ses enfants très heureux ; en
outre, il prévoit un cas particulier du paragraphe 6 du
même article, et a sur ce dernier le désavantage d'être
beaucoup moins général, et de laisser une moindre initiative aux juges.

Le second genre de condamnations susceptibles d'entraîner la déchéance de la puissance paternelle comprend les condamnations prononcées en vertu des art.
1, 2, 3 de la loi du 7 décembre 1874, c'est-à-dire contre
les individus qui auront employé des enfants à la
mendicité, ou à des professions ambulantes, ou auront
livré des enfants à des individus exerçant de telles professions. La loi de 1874 avait bien édicté la déchéance
de la puissance paternelle, mais elle n'était guère prononcée faute d'être organisée par la loi ; du reste, la loi
de 1889 est plus générale comme nous allons le voir.

Si le premier cas prévu dans ce paragraphe a été
l'objet de quelques critiques, il n'y a qu'à approuver le
législateur pour le second : ce sera en effet un moyen
de débarrasser les villes de ces enfants qui n'apprennent
qu'à mendier et à apporter partout le désordre matériel

ou moral ; de nombreux jugements de déchéance ont
du reste été prononcés à la suite de condamnations
pour excitation habituelle de mineurs à la mendicité[1].

Telles sont les condamnations qui peuvent entraîner
la déchéance de la puissance paternelle ; examinons
maintenant les individus qui peuvent être frappés. La
loi dit « les père et mère », faut-il en conclure que celui
qui a employé des enfants dans des professions ambulantes ou à la mendicité, doit être le père de ces enfants ;
doit-on exiger un lien de parenté entre le condamné en
vertu de la loi de 1874 et la victime du délit ? Cette interprétation semble contraire au texte de la loi sinon à
son esprit. En effet, la loi emploie le terme « père et
mère » non seulement quand il s'agit de la loi de 1874,
mais encore de la loi de 1873 ; or, dans ce cas, il ne peut
y avoir d'enfant victime du délit ; dans cette première
hypothèse la loi a voulu employer les termes « père
et mère » dans le sens de « père et mère relativement à
la puissance paternelle », et non « relativement à leurs
enfants » ; pourquoi dans la seconde application de la
loi donner une explication que le texte contredit ? En
outre, si nous examinons les différents paragraphes de
l'art. 2 de la loi de 1889, nous voyons que tous com-
mencent par ces mots « les père et mère » même dans
les cas où la personne de l'enfant ne peut pas être prise

[1] Tr. Le Hàvre, 24 mars 1890 — Evreux, 8 mai 1890 — Les Andelys, 22 mai 1890 — Bernay, 10 octobre 1890 — Senlis, 8 décembre
1890 — Evreux, 11 décembre 1890.

en considération, comme dans les paragraphes 1 et 6. Donc le texte s'oppose à ce qu'on donne aux mots « père et mère » un autre sens que : personnes revêtues de la puissance paternelle. Voilà ce que dit le texte ; est-ce là aussi l'esprit du législateur. Voici quel est notre avis sur ce point : le législateur a voulu donner purement et simplement par la loi de 1889 une sanction à la loi de 1874; le dernier paragraphe de l'art. 3 de cette dernière loi est ainsi conçu : « Dans le cas où le délit aurait été com- « mis par les pères, mères ou tuteurs, ils pourront être « privés des droits de la puissance paternelle ou être des- « titués de la tutelle. » La loi de 1874 exige donc, pour qu'il y ait déchéance de la puissance paternelle, que ce soient leurs enfants que les parents aient employés, nous dirons donc que le législateur dans la loi de 1889, qui lui sert de sanction, exige les mêmes liens de parenté entre le coupable et la victime.

Quant aux enfants victimes du délit prévu par la loi de 1874 ils doivent avoir, d'après cette loi, moins de seize ans ; mais cet âge n'est exigé que des victimes et non de tous les enfants qui par suite de la déchéance ne seront plus soumis à la puissance paternelle.

Le tribunal pourra également prononcer la déchéance lorsqu'il existera une première condamnation pour excitation habituelle de mineurs à la débauche (par. 4.) Ce paragraphe vient étendre à tout individu la peine que l'art. 335 du Code pénal prononçait contre les père et mère ; mais d'autre part si nous combinons ce cas avec le Code pénal, et les paragraphes 1 et 4 de l'art. 1er, nous pouvons établir une échelle de peines proportionnées à la faute en remarquant que le Code pénal est tacitement abrogé :

1° Une seule condamnation pour excitation habituelle de mineurs à la débauche, déchéance facultative (art. 2, paragraphe 4, loi 1889) ;

2° Une seule condamnation, mais pour excitation de son propre enfant mineur à la débauche, déchéance obligatoire (art. 1er, paragraphe 1, loi 1889) ;

3° Deux condamnations pour excitation habituelle de mineurs quelconques à la débauche, déchéance obligatoire (art. 1er, paragraphe 4, loi 1889).

De telle sorte qu'on peut dire que la condamnation pour excitation habituelle d'un mineur à la débauche peut donner lieu à la déchéance, et que cette déchéance est forcée lorsque au délit vient s'ajouter une des deux circonstances aggravantes suivantes : s'il y a récidive ou si le mineur est le propre enfant du délinquant.

Tous les cas de déchéance jusqu'ici étudiés sont la conséquence forcée ou facultative d'une condamnation pénale frappant les parents ; les deux derniers cas prévus par la loi de 1889 ont lieu en dehors de toute condamnation et c'est en vertu de ces deux derniers paragraphes qu'ont été rendus le plus grand nombre de jugements de déchéance. Le premier de ces deux cas de déchéance facultative est celui des père et mère dont les enfants ont été envoyés dans une maison de correction par application de l'art. 66 du Code pénal, c'est-à-dire après avoir été acquittés comme ayant agi sans discernement. Ce paragraphe a un double objet : tantôt il permettra aux tribunaux de frapper de déchéance des parents ayant un enfant envoyé en correction, lorsque pour un autre enfant leur conduite sera signalée au ministère public comme étant de nature à compromettre la moralité de ce dernier ; si le jugement ne s'appuyait dans son dispositif que sur cette inconduite, il serait toujours susceptible d'être réformé, l'appréciation de cette inconduite étant susceptible de plus ou de moins, tandis que si, outre l'immoralité des parents, le jugement se base sur un fait incontestable et capable à lui seul d'entraîner déchéance, il est à peu près certain que le jugement subsistera. Notons qu'il n'eût pas été moins utile de rendre la déchéance possible contre les parents dont les enfants sont envoyés en correction en vertu de l'art. 67, c'est-à-dire condamnés comme ayant agi avec discernement ; la mauvaise éducation donnée par les parents existe dans ce cas autant, sinon plus, que lorsque les enfants sont envoyés en correction en vertu de l'art. 66.

Tantôt enfin le paragraphe en question viendra corriger la défectuosité de l'art. 66 qui fixe à vingt ans et non à vingt et un le maximum de l'internement. Il est vrai que la loi de 1850 avait mis l'enfant, à sa sortie de la maison de correction, sous le patronage de l'Assistance Publique ; mais outre que cette loi ne fut jamais appliquée, la loi nouvelle a l'avantage de déterminer et de fixer les droits qui appartiendront à l'Assistance.

Le droit de prononcer la déchéance appartient ici aux tribunaux civils ; aussi c'est surtout au moment où est près de prendre fin l'internement ou la libération conditionnelle qu'il y a lieu d'examiner ce qu'il convient de faire pour assurer la protection, l'éducation, l'existence même du jeune libéré dès sa sortie. Pendant la période de l'internement il avait, à défaut de la tutelle, l'abri matériel de la maison de correction, et il y recevait le mode d'éducation que la justice avait déterminé pour lui ; à l'instant de sa libération, soit que ses parents soient morts ou aient disparu, soit que leur moralité ou leur conduite puissent lui nuire ou être de nature à lui faire perdre le bénéfice de l'éducation correctionnelle, à l'entraîner même à de nouveaux écarts, il est d'une grande portée sociale et d'un intérêt primordial pour l'enfant que des mesures soient prises afin d'assurer sa protection. C'est pourquoi il est du devoir de l'Administration pénitentiaire de recueillir tous les renseignements nécessaires sur la famille de l'enfant, de façon à ce qu'on l'admette au nombre des enfants assistés si sa famille n'existe plus au moment de sa libération, ou à ce qu'on prononce la déchéance de la puissance paternelle si les renseignements de l'enquête démontrent que la sécurité, la santé, la moralité de l'enfant peuvent être en péril dans le cas où il retomberait sous l'autorité de sa famille.

Nous arrivons au dernier cas de déchéance facultative ; il vise les père et mère qui, en dehors de toute condamnation, par leur ivrognerie habituelle, leur inconduite notoire et scandaleuse, ou par de mauvais traitements compromettent soit la santé, soit la sécurité, soit la moralité de leurs enfants. Ce paragraphe de l'art. 2 est certainement le plus important, car on peut dire que la moitié des jugements emportant déchéance sont rendus en vertu de ce sixième paragraphe. C'est du reste le cas où le pouvoir des juges est le plus étendu, mais la liberté d'appréciation qui leur est laissée doit être limitée par ces deux règles :

1° Il faut que les actes des parents incriminés soient habituels et de connaissance publique ;

2° Il faut que ces actes compromettent la santé, la sécurité ou la moralité de leurs enfants.

C'est ainsi que l'ivrognerie peut être une cause de déchéance sans qu'il y ait lieu à condamnation pour ivresse publique, mais il faut qu'elle soit habituelle et de nature à compromettre l'éducation des enfants ; du reste le rapporteur de la loi devant la Chambre, dans son exposé de motifs insiste particulièrement sur ce cas d'ivresse habituelle et déclare qu'il ne faut pas laisser la Justice désarmée devant le péril croissant de l'alcoolisme. Mais il faut remarquer que les tribunaux pourront dans leurs jugements donner comme preuves de l'ivresse habituelle des condamnations pour ivresse publique, à condition bien entendu qu'il y ait habitude dans ce vice et danger pour les enfants. C'est ce qu'on trouve dans plusieurs jugements [1].

Les Juges ont encore un droit d'appréciation plus grand dans le cas d'inconduite notoire et scandaleuse, les termes étant plus vagues et les limites moins déterminées, comment faut-il interpréter le texte de la loi ? Le rapporteur de la Chambre nous dit ces mots : « L'in- « conduite notoire et scandaleuse est celle qui, sans tom- « ber sous le coup d'une disposition pénale, est contraire « aux bonnes mœurs et de nature à compromettre la « moralité des enfants. » Du reste les tribunaux peuvent prendre comme preuve de l'inconduite des parents cer- taines condamnations, comme celles résultant de l'adul- tère (Trib. des Andelys, 8 juillet 1890), ou certains juge- ments de divorce. (Trib. Versailles, 12 mars 1891).

Les mauvais traitements exercés sur les enfants peu- vent également être une cause de déchéance de la puis- sance paternelle, même en dehors de tout jugement, mais il faut également que les enfants soient en danger et une condamnation pour un seul fait de violence ne peut entraîner déchéance : des faits habituels ou tout au moins répétés sont nécessaires ; il y a lieu à une appréciation délicate de la part des juges, et c'est avec raison que le tribunal de Toulouse dans son jugement du 3 juillet 1890 a rejeté une demande de déchéance en déclarant que si les corrections infligées par le père étaient hors de pro- portion avec la faute commise par les enfants, ceux-ci

[1] Dôle, 24 août 1889 et Pont-Audemer, 1er avril 1890.

cependant n'étaient pas en péril, pas plus au point de vue de leur santé qu'au point de vue de leur moralité.

Toutefois, à cause de ses limites mal déterminées, le paragraphe 6 a donné lieu à certains jugements qui peuvent prêter à la critique. C'est ainsi que le tribunal de Pont-Audemer dans son jugement du 5 novembre 1890, après avoir constaté, il est vrai, l'abandon par le père de ses enfants donne comme raisons de la prononciation du jugement son inintelligence « Que si le sieur..., dit-il, n'a pas subi de condamnation, il n'en est pas moins indigne d'exercer aucune autorité ; qu'effectivement il passe pour être peu intelligent, indolent, et sans énergie aucune pour le travail, qu'il a de la peine à subvenir à son propre entretien..... » Ces considérants nous semblent insuffisants pour prononcer la déchéance.

Mais le jugement le plus extraordinaire est celui rendu par le tribunal des Andélys en date du 5 août 1890 dans l'espèce suivante : le nommé B... avait obtenu le divorce contre sa femme et avait intenté une action en désaveu « qui avait, dit le jugement, beaucoup de chance pour être favorablement accueillie. » Aussi le tribunal, se basant sur cette probabilité et sans articuler contre B. d'autres griefs le déclare déchu de la puissance paternelle, le privant ainsi de ses droits sur tous ses enfants présents et à venir. Aussi devant un tel jugement ne peut-on qu'approuver M. Courcelle-Seneuil lorsqu'il dit dans son rapport : « Quand il s'agit de la privation de la puissance paternelle, le législateur ne doit s'occuper que des pères manifestement indignes de l'exercer et garder une grande, une très grande réserve. »

Il est incontestable et incontesté que les tribunaux ne peuvent prononcer la déchéance de la puissance paternelle que dans les cas prévus par la loi, mais une question s'élève qui a soulevé de nombreuses controverses : on sait qu'avant la loi de 1889 une jurisprudence constante s'était établie, qui permettait aux tribunaux de contrôler la puissance paternelle et d'enlever aux parents l'exercice de certains droits ; cette théorie fort discutable en droit pur était devenu d'une pratique absolument courante ; il s'agit de savoir si aujourd'hui les tribunaux ne peuvent contrôler la puissance paternelle et en corriger les abus, que dans les conditions de fond et de formes prévues par la loi du 24 juillet 1889, ou si cette loi a donné aux juges non seulement un pouvoir qu'ils n'avaient pas auparavant, à savoir la faculté de prononcer la déchéance de la puissance paternelle, mais encore a entendu leur conserver le droit de prendre, comme par le passé, toutes mesures commandées par l'intérêt de l'enfant.

La jurisprudence émet l'opinion que nous partageons du reste, que la législation a voulu substituer un texte positif au droit arbitraire des tribunaux, et que, par conséquent, la loi de 1889 a abrogé la théorie du contrôle des tribunaux. En effet, quel est le but de la loi ? La protection de l'enfance. Or, à quoi servirait cette loi si elle laissait subsister la jurisprudence antérieure ? Elle ferait double emploi avec elle. Nos adversaires nous font observer que la loi de 1889 n'embrasse pas tous les cas ; il y a du vrai dans cette critique, il faut le reconnaître, mais moins qu'on ne le pense au premier abord, car le paragraphe 6 de l'art. 2 permettra de prononcer la déchéance dans un grand nombre de cas. A quoi bon établir une peine, telle que la déchéance, si les tribunaux étaient, avant la loi de 1889, suffisamment armés pour protéger l'enfant moralement abandonné ou maltraité ? On nous fait observer que la jurisprudence antérieure enlevait seulement au père l'exercice de certains droits, tandis que la loi de 1889 lui enlève la puissance de ces mêmes droits : c'est une preuve de plus que la loi nouvelle abroge la jurisprudence ancienne, car à quoi servirait cette déchéance si le retrait de l'exercice des droits de la puissance paternelle était encore possible.

On objecte à notre système les travaux préparatoires et un texte de M. Roussel ainsi conçu : « L'énumération dont on s'effraye a plutôt un caractère limitatif ; elle précise les cas où une action en déchéance pourra avoir lieu, elle est donc moins alarmante qu'une liberté absolue laissée aux tribunaux. Pour la protection des enfants des classes riches, la jurisprudence qui se rattache à l'arrêt du 27 janvier 1873 est assurément suffisante ; mais ne faut-il pas des bases plus exactement déterminées pour organiser devant les tribunaux la protection des enfants délaissés, ou maltraités, des classes indigentes ». On en a conclu que la loi de 1889 ne s'appliquait qu'aux enfants nés dans les derniers rangs de la société ; mais pouvons-nous admettre un pareil système si contraire au principe de l'égalité devant la loi ; que ce soient ces enfants dont il s'agira le plus souvent quand on appliquera la loi, cela est possible, mais dire que le législateur n'a fait la loi que pour ces enfants, c'est impossible à soutenir.

Les partisans du système contraire objectent que si les parents de l'enfant ne peuvent demander que la déchéance du père, ils reculeront devant une mesure aussi grave, tandis qu'ils auraient pu demander aux tribunaux le retrait de l'exercice de certains droits ; il est possible que la loi de 1889 soit trop rigoureuse, mais elle existe, et c'est au législateur seul qu'il faut adresser des reproches.

En un mot la théorie du contrôle de la puissance paternelle par la jurisprudence n'existe plus, et c'est ce que nous trouvons dans un arrêt de la Cour de Poitiers ainsi conçu : « Attendu que jusqu'ici, il est vrai, la loi faisant défaut, les tribunaux s'étaient arrogé le droit nécessaire d'enlever aux père et mère les attributs de la puissance paternelle dans la mesure que commandait l'intérêt supérieur de l'enfant ; mais que la loi de 1889 a substitué un texte positif au droit arbitraire ainsi déduit par la jurisprudence de cet intérêt lui-même. »

CHAPITRE VII

Nous avons étudié les différentes causes de déchéance prévues par la loi de 1889 ; il nous faut maintenant examiner l'étendue de cette déchéance et nous ferons cette étude à trois points de vue ; à l'égard des droits perdus, à l'égard des enfants sur lesquels la puissance paternelle a été enlevée, et enfin à l'égard du temps que dure cette déchéance.

L'art. 1ᵉʳ énumère les droits qu'un jugement de déchéance rendu en vertu de la loi de 1889 fait perdre au condamné ; ce sont :

1° Le droit de garder le mineur dans la maison de ses père et mère (art. 108, C. C.) ;

2° Le droit pour la mère, dans le cas de disparition du

père, d'exercer tous les droits du mari, quant à l'éducation des enfants et à l'administration de leurs biens (art. 141, C. C.) ;

3° Le droit de consentement au mariage des fils mineurs de 25 ans et des filles mineures de 21 ans (art. 148, C. C.) ;

4° Le droit de consentement au mariage au profit des aïeuls (150, C. C.) ;

5° Le droit d'être consulté sur le mariage des fils majeurs de 25 ans et des filles majeures de 21 ans (151, C. C.) ;

6° Le droit de consentir à l'adoption des enfants ou d'être consulté sur cette mesure (346, C. C.) ;

7 Le droit de consentir à la tutelle officieuse (361, C. C.) ;

8° Le droit de garde, d'éducation, de correction et d'usufruit légal (372 à 387, C. C.) ;

9° Le droit d'administration des biens (389, C. C.) ;

10° Le droit de tutelle légale (390, C. C.) ;

11° Le droit pour le père de nommer un conseil à la mère survivante (391, C. C.) ;

12° Le droit de nommer un tuteur (397, C. C.) ;

13° Le droit d'émancipation (477, C. C.) ;

14° Le droit d'accepter les donations faites à l'enfant (art. 935, C. C.) ;

15° Le droit de traiter de l'apprentissage de l'enfant (art. 3 de la loi du 22 février 1851, C. C.) ;

16° Le droit de consentir à l'engagement militaire (art. 46 de la loi du 27 juillet 1872 abrogé et remplacé par l'art. 59 de la loi du 15 juillet 1889).

Cette liste de la loi du 24 juillet 1889 est-elle limitative ? Une réponse affirmative serait contraire à l'esprit de la loi et aux déclarations faites dans les rapports de MM. Roussel et Gerville-Réache.

La loi a voulu seulement qu'on pût embrasser d'un coup d'œil l'ensemble des principaux droits dont seraient privés les parents déchus. Par cette énumération « elle n'a pas prétendu limiter, dit M. Courcelle-Seneuil, les attributs de la puissance paternelle enlevés par cette déchéance. » C'est ainsi que les père et mère déclarés déchus de leur puissance ne pourront autoriser leurs enfants émancipés à faire le commerce (Code com. art. 2), ni faire en leur nom une déclaration de nationalité (Code civil art. 9), ni faire en un mot acte de puissance paternelle.

Toutefois la loi fait elle-même une réserve expresse en laissant subsister les art. 205, 206 et 207 du Code civil qui créent entre parents et enfants une obligation réciproque d'aliments : on n'a pas voulu que les enfants dans l'aisance pussent s'autoriser de la déchéance de leurs parents pour les laisser mourir de faim. Il faut donner la même décision relativement à la disposition de l'art. 371 du Code civil, et dire que le silence de la loi doit être considéré comme volontaire ; le législateur a voulu qu'en dépit de toute déchéance l'enfant continuât à devoir honneur et respect à ses parents : c'est là du reste un principe de morale plutôt qu'une règle de droit. Comme le disait M. Gerville-Réache dans son rapport de 1889, les liens de famille que la loi rompt sont ceux-là seuls qui pourraient nuire à l'enfant. Aussi déciderons-nous, d'après cette règle posée par le législateur , que les droits successoraux subsistent tels quels malgré le jugement de déchéance, par conséquent les enfants continuent à avoir droit à une réserve dans la succession de leurs parents, comme ceux-ci conservent la leur dans la succession de leurs enfants. Le rejet à la Chambre d'un amendement de M. Boreau-Lajanadie qui avait pour but d'ajouter une disposition expresse à cet égard doit ôter tout doute à ce sujet. Comme on le voit et comme l'a dit la circulaire du ministre de l'Intérieur du 16 Août 1889 : « la déchéance est indivisible ; dans tous les cas, et sous réserve de la dette alimentaire et des droits de succession qu'elle laisse subsister entre les ascendants déchus et l'enfant, elle entraîne la perte de tous les droits qui se rattachent à la puissance paternelle. »

Ce fut surtout le Conseil d'Etat qui fit prévaloir la déchéance totale ; la déchéance partielle proposée par la commission extra-parlementaire de la Chancellerie et soutenue au Sénat par le Sous-Secrétaire d'Etat à la Justice fut définitivement repoussée en 1888 ; mais de nombreuses critiques se sont élevées contre le principe admis par la loi.

Etait-il bien nécessaire, en effet, de prononcer une peine

si grave pour arriver au but que se propose la loi de protéger l'enfant maltraité ou moralement abandonné ? Certaines personnes prétendent que cette rigueur n'était pas
nécessaire, il suffisait d'imiter les législateurs anglais et
américains, et d'enlever purement et simplement aux
père et mère les droits de garde et de correction en leur
laissant tous les autres droits ; l'enfant dont l'éducation
était compromise n'aurait plus à craindre dorénavant les
mauvais exemples de sa famille, et le but désiré aurait
ainsi pu être atteint sans toucher aux principes du Code
civil ; ou l'on pouvait, du moins, consacrer purement et
simplement par une loi la jurisprudence établie du contrôle par les tribunaux de la puissance paternelle, et du
retrait de l'exercice des droits qui en dépendent.

Le Conseil d'Etat, comme nous le montre le rapport
de M. Courcelle-Seneuil, n'a pas compris que l'on pût
diviser la puissance paternelle, et n'a pas voulu que l'enfant fût placé sous deux puissances distinctes, sous celle
du père et celle du tuteur. Mais il y a là une confusion :
ce qui est indivisible ce n'est pas la puissance paternelle,
mais la qualité de père, et nous en trouverons la preuve
dans le titre II de la loi de 1889 où l'on voit dans l'art.
20 un partage des droits de la puissance paternelle entre
l'Assistance Publique d'une part, et d'autre part la personne ou l'établissement qui a recueilli l'enfant. Ajou-
tons que cette indivisibilité est une des raisons pour
lesquelles quelques tribunaux hésitent à appliquer la
loi.

Si la déchéance prononcée par application de la loi de 1889 est indivisible quant aux droits que comprend la puissance paternelle, elle est aussi indivisible à un autre point de vue, à l'égard des enfants sur lesquels la personne déchue exerçait les droits que lui donnait son titre de père ; l'art. 1er est formel pour les déchéances de plein droit et ne laisse en ce cas aucun doute : « Les père et mère et ascendants sont déchus de plein droit à l'égard de *tous* leurs enfants et descendants de la puissance paternelle... » Faut-il en conclure que dans les cas de déchéance facultative cette déchéance ne s'étende pas à tous les enfants ? Si le texte de l'art. 2 se prête à la rigueur à une telle interprétation, l'historique de la loi nous prévient que nous ne devons pas nous y arrêter ; en effet le projet voté par le Sénat en 1883 admettait que la déchéance pouvait être prononcée soit à l'égard d'un, de quelques-uns, ou de tous les enfants du père déchu ; mais lorsqu'en 1888 on reprit l'ancien projet de la Chancellerie, la question se posa de nouveau, et le Conseil d'Etat s'en tint à l'opinion qui admettait l'indivisibilité. Enfin dans la séance de la Chambre du 25 mai 1889 une proposition dans ce sens fut faite par M. Boreau-Lajanadie, mais elle fut repoussée par l'Assemblée. La déchéance ne s'applique pas seulement aux enfants nés au moment où elle est prononcée, mais même aux enfants à naître, l'expression de l'art. 9 « enfants nés ou à naître » ne peut laisser aucun doute à cet égard. De plus, la déchéance doit être étendue aux enfants majeurs comme aux mineurs, car quoique les enfants majeurs ne soient plus sous la dépendance complète de leurs parents comme à l'époque de leur minorité, il y a certains droits que les parents possèdent encore sur eux, comme ceux d'être consultés pour le mariage et l'adoption, et que la loi de 1889 leur enlève.

Remarquons en passant que les parents déchus de la puissance paternelle et les enfants sur lesquels s'exerçait cette puissance doivent être parents au sens légal du mot, c'est-à-dire que ces derniers doivent être légitimes ou tout au moins naturels reconnus ; c'est ainsi qu'il faudrait considérer comme étrangers les parents légitimes avec les enfants naturels de leurs propres enfants.

Le principe de la déchéance appliqué à l'égard de tous les enfants a été fortement attaqué, et bien des auteurs se sont élevés contre ce caractère donné à la loi : « Si pour les faits monstrueux ou graves que visent les condamnations énoncées à l'art. 1er, dit le rapporteur près du Conseil supérieur de l'Assistance Publique, la déchéance absolue dans le présent et l'avenir est amplement justifiée, nous trouvons excessif que, dans la plupart des cas visés par l'art. 2 : emploi des enfants à la mendicité, ivrognerie habituelle, et même mauvais traitements exercés contre un seul enfant,etc., la déchéance ait cette rigueur hiératique et soit étendue nécessairement à tous les enfants nés et à naître. Le cœur humain est ainsi fait que, dans l'être le plus dégradé, il y reste des coins qui n'ont pas été souillés et, par exemple, telle mère ou tel père « pour des raisons que la raison ne connaît point » est féroce pour un de ses enfants, qui entoure les autres de l'affection la plus tendre... Nous craignons que l'application de la loi ait à souffrir de la rigueur du principe adopté. La situation des tribunaux sera parfois difficile ; deux écueils sont à redouter : ou les tribunaux prononceront des déchéances dans des cas où la mesure est plus rigoureuse que ne le comportent les circonstances, ou ils reculeront devant les conséquences de la déchéance et alors le but de protection que poursuit seul la loi ne sera pas atteint, ce qui sera grand dommage ».

A ces deux caractères d'indivisibilité, quant aux droits et quant aux enfants, la déchéance prononcée en vertu de la loi de 1889, en ajoute un troisième, celui de perpétuité. La déchéance est perpétuelle, non pas dans le sens qu'on ne pourra jamais s'en relever, mais dans ce sens que le temps seul n'est pas suffisant pour obtenir la réhabilitation ; il faut certaines conditions exigées par la loi que nous étudierons plus tard. Le Sénat en 1883 avait admis la suspension de la puissance paternelle pendant une durée de un à cinq ans, mais il n'en est plus question dans le texte de 1889.

Voilà donc les trois caractère principaux de la déchéance : indivisibilité quant aux droits, indivisibilité quant aux enfants, et perpétuité ; nous allons examiner maintenant quelques questions particulières, notamment en ce qui regarde les parents frappés de déchéance.

Quels sont les parents auxquels on peut appliquer la loi de 1889 ? L'art. 1er nous répond : « les père et mère et ascendants. » En effet, comme le dit M. Courcelle-Seneuil : « Nul ne pouvait admettre qu'un père privé de la puissance paternelle sur ses enfants la conservât sur ses petits enfants devenus orphelins. » Mais si le texte est formel dans l'art. 1er, il est moins explicite dans l'art. 2 où les mots père et mère sont seuls employés, faut-il en conclure que les ascendants ne peuvent pas être frappés de la déchéance facultative ? Ce serait, à notre avis, contraire à l'esprit de la loi, car rien ne pourrait expliquer la différence entre les deux articles ; en outre, l'art. 4 semble justifier notre opinion en déclarant que : « le mémoire (énonçant les faits sur lesquels on s'appuie pour demander la déchéance) est notifié aux père et mère ou ascendants dont la déchéance est *demandée*. » Ce mot *demandée* montre bien qu'il ne s'agit pas d'une déchéance de droit, mais d'une déchéance facultative, et le mot ascendants prouve que dans ce cas les père et mère ne sont pas seuls susceptibles d'être frappés.

Faut-il avoir des enfants, et même faut-il être marié pour pouvoir être frappé de la déchéance de la puissance paternelle ? Certains auteurs prétendent qu'il faut pour cela être père de famille, et s'appuient, pour soutenir leur théorie, sur les mots employés par la loi, *père et mère ou ascendants*, et sur le terme *déchu* qui indique qu'il y a des droits existant, car on ne peut être que *privé* de droits que l'on ne possède pas encore, et non déchu. Une autre doctrine répond que les mots *père, mère et ascendants* sont employés en vue du cas le plus habituel, et que s'il n'y a déchéance que quand il y a des droits, c'est que les droits de la puissance seront en quelque sorte morts-nés ; au moment de la naissance du premier enfant ils n'apparaîtront que pour disparaître en vertu du jugement. Enfin dans la séance du 25 mai 1889, M. Boreau-Lajanadie aurait constaté, dans une hypothèse par lui prise, que la déchéance pouvait être encourue par un jeune homme non marié, et personne ne l'aurait contredit.

Quant à nous, nous devons nous servir, pour résoudre cette question du criterium ordinaire : quel est l'intérêt de l'enfant ? Le but de la loi de 1889 est, ne l'oublions pas, la protection des enfants maltraités et moralement abandonnés, et c'est dans ce sens qu'on doit résoudre les questions controversées. Or, à cette question : quel est l'intérêt de l'enfant ? Nous voyons qu'il n'y a pas ici d'enfant maltraité ou moralement abandonné ; nous devons donc déclarer qu'il n'y a pas lieu de prononcer la déchéance de la puissance paternelle.

Nous résoudrons de la même manière la question de savoir si l'on peut prononcer la déchéance contre des pères et mères d'enfants étrangers. Certains auteurs, sous prétexte que la puissance paternelle est de statut personnel, refusent ce droit aux tribunaux ; quant à nous qui ne devons voir que l'intérêt de l'enfant, nous dirons qu'on peut prononcer cette déchéance, en remarquant du reste que la loi n'a pas seulement un caractère civil, mais aussi un caractère pénal et de police, et que les lois pénales frappent tous les individus qui commettent un délit sur le territoire français (Art. 3 Code civil).

CHAPITRE VIII

DES TRIBUNAUX COMPÉTENTS POUR PRONONCER LA DÉCHÉANCE

Nous avons vu quels étaient les cas de déchéance et quels effets produisait sa prononciation ; il nous faut maintenant examiner par quels moyens on arrive à la faire prononcer, c'est-à-dire rechercher quelles sont les règles de la procédure. Ces règles sont de deux sortes : celui qui veut obtenir un jugement doit se demander d'abord à quel tribunal il doit s'adresser, et ensuite quelle procédure il doit mettre en œuvre ; nous aurons donc à étudier en premier lieu la compétence des tribunaux et ensuite les règles de procédure proprement dite.

Quel est le tribunal compétent ? On sait qu'il y a deux sortes de compétence, la compétence *ratione materiæ* et la compétence *ratione personæ*, et que, pour qu'un tribunal puisse rendre un jugement valable, il doit être compétent à ce double point de vue ; examinons donc ici quels tribunaux se conforment à cette double règle.

Quels sont les tribunaux compétents *ratione materiæ ?*
La question doit être examinée au double point de vue
de la prononciation de la déchéance et de l'organisation
de la tutelle. Le texte primitif n'admettait que la compétence du tribunal civil pour la prononciation de la déchéance, mais la Commission de la Chambre des députés ajouta à l'art. 9 un paragraphe 2 ainsi conçu :
« Toutefois, lorsque les tribunaux répressifs prononceront les condamnations prévues aux art. 1 et 2, paragraphes 1, 2, 3, 4, ils pourront statuer sur la déchéance
de la puissance paternelle dans les conditions établies par
la présente loi. » Donc deux sortes de tribunaux sont
compétents pour prononcer la déchéance : le tribunal
civil et le tribunal répressif, mais ce dernier peut, et
même doit s'abstenir, toutes les fois qu'il n'est pas suffisamment éclairé ; c'est ce qui ressort de la discussion
qui eut lieu à la Chambre, sur la proposition de M. Boreau-Lajanadie, de rendre les tribunaux de répression
seuls compétents. Il ne peut être question que de la déchéance facultative, la déchéance obligatoire existant
de plano sans qu'il soit besoin de la prononcer.

Mais la compétence *ratione materiæ* ne doit pas être
étudiée au seul point de vue de la prononciation de la
déchéance, il faut aussi le faire au point de vue de l'organisation de la tutelle. Toutes les difficultés qui sont
nées à ce sujet viennent des phases successives par lesquelles a passé la rédaction de l'art. 9 ; cet article qui
contient aujourd'hui trois paragraphes n'en contenait

que deux dans le projet primitif ; les auteurs de la loi ne reconnaissaient en effet comme compétents que les tribunaux civils, et se plaçaient successivement dans les deux cas de déchéance obligatoire et de déchéance facultative ; le législateur a voulu plus tard étendre la compétence aux tribunaux répressifs, et entre les deux paragraphes primitifs en a intercalé un troisième sans se préoccuper de modifier le texte primitif, de là une contradiction qui n'est qu'apparente si l'on songe à la rédaction de l'art. 9.

En effet, le paragraphe 1er dit que dans le cas de déchéance obligatoire on saisira la juridiction compétente et renvoie a l'art. 4 qui s'occupe des tribunaux civils ; d'où l'on conclut que dans le cas de déchéance de plein droit la juridiction civile est seule compétente. Mais nous l'avons déjà dit, la façon dont l'article a été fait vient expliquer cette anomalie du texte, et en outre le paragraphe 2 de l'art. 9 qui déclare les tribunaux répressifs compétents commence par le mot *toutefois* qui indique une exception à la règle posée dans le paragraphe 2.

Le paragraphe 3, au contraire, semble indiquer que le tribunal civil, comme celui de répression, est compétent pour l'organisation de la tutelle puisqu'il considère comme tel le tribunal qui prononce la déchéance, et que nous avons vu que les deux espèces de juridictions ont ce pouvoir. Certes c'est un principe sur lequel des circulaires ministérielles relatives à la loi de 1889, et l'histoire de la loi elle-même, ne laissent pas de doute, mais notons que dans sa rédaction primitive, ce paragraphe ne prévoyait pas ce cas, car le principe d'abord admis était que le tribunal civil était seul compétent ; aujourd'hui que le législateur a déclaré nettement que le tribunal répressif l'était lui aussi, il est curieux de noter que le paragraphe 2 prend un sens absolument nouveau, et cela sans qu'on en ait changé les termes. Remarquons toutefois que la compétence du tribunal répressif, quant à l'organisation de la tutelle, n'existe que si le tribunal est encore saisi de la demande principale ; si le jugement de déchéance était prononcé sans qu'on se soit occupé de cette question accessoire, le tribunal répressif, une fois dessaisi, ne serait plus compétent, il faudrait désormais s'adresser au tribunal civil. En résumé trois situations peuvent se présenter : ou bien le tribunal répressif prononce la déchéance et organise la tutelle tout à la fois, ou c'est le tribunal civil, ou enfin le tribunal répressif prononce la déchéance, et le tribunal civil organise ensuite la tutelle.

Cette théorie de la compétence des tribunaux civils et des tribunaux répressifs, au double point de vue de la prononciation de la déchéance et de l'organisation de la tutelle, admise par la plupart des auteurs et des tribunaux (Le Hâvre 24 mars 1890, Evreux 8 mai et 11 décembre 1890, Neufchâtel 4 octobre 1890), n'est pas encore acceptée sans difficulté par le tribunal de la Seine, qui n'admet que les tribunaux civils pour l'organisation de la tutelle. Notre doctrine est cependant conforme à la

circulaire du Garde des Sceaux du 21 septembre 1889 ;
nous y trouvons en effet ce passage : « La déchéance qui
est de plein droit peut être déclarée par les tribunaux
répressifs (art. 9) et le ministère public doit faire décider immédiatement si la mère exercera la puissance paternelle, ou si la tutelle sera confiée à une autre personne. » Enfin une note insérée au Bulletin Officiel du
Ministère de la Justice d'octobre-décembre 1889 est
encore plus affirmative : « Il n'est pas douteux que les
tribunaux répressifs, toutes les fois qu'ils auront prononcé à l'égard d'un condamné la déchéance de la puissance paternelle, aient compétence pour constituer la tutelle dans les termes du droit commun lorsqu'ils possé-
deront des éléments d'appréciation suffisants à cet
égard ».

De tout ce qui précède il nous faut tirer cette règle
générale, que les tribunaux répressifs, comme les tribunaux civils, sont compétents pour prononcer la déchéance, organiser la tutelle, et décider des questions accessoires, sauf les cas exceptés ; cela résulte de la volonté manifeste du législateur et du paragraphe 2 de
l'art. 9 ; et si cet art. 9 peut soulever des controverses,
c'est parce qu'il a été fait de deux parties juxtaposées et
que l'on n'a pas essayé de fondre ensemble.

Il y a cependant des exceptions à cette double compétence ; le tribunal civil peut être seul compétent, soit
dans des cas prévus par la loi, soit par la force même
des choses. C'est ainsi que l'art. 9 déclare le tribunal ci-

vil seul compétent pour statuer sur la demande en déchéance formée dans le cas des deux derniers paragraphes de l'art. 2, ce qui s'explique facilement si l'on
remarque que ce sont les deux seuls cas où la déchéance
soit indépendante de toute condamnation pénale encourue par les père et mère. A côté de ce cas prévu expressément par la loi, il y en a d'autres qui sont la conséquence
même des faits ; ainsi lorsque la déchéance aura été prononcée, et que par le même jugement le tribunal se sera
dessaisi, on devra s'adresser au tribunal civil pour toutes
les questions relatives, mais postérieures, à cette déchéance ; il en sera ainsi :

1° Pour la demande formée par la seconde femme
du père déchu antérieurement au nouveau mariage, afin
d'obtenir, en cas de survenance d'enfant, que la puissance paternelle lui soit attribuée sur cet enfant (art. 9
parag. 4) ;

2° Pour toute demande relative à la constitution de la
tutelle ou à son fonctionnement, lorsque la question se
posera à la suite d'un premier jugement rendu sur la
déchéance ;

3° Pour la demande en restitution de la puissance paternelle (art. 15 et 16).

Quant à la compétence *ratione loci*, il faut distinguer
quel est le tribunal compétent *ratione materiæ* ; si
c'est le tribunal répressif, les questions principales et
accessoires relatives à la déchéance de la puissance paternelle sont soumises à celui qui a prononcé la con-

damnation, et ne peuvent être tranchées que par lui ; est-ce au contraire le tribunal civil, l'art. 3 nous dit que la demande devra être portée au tribunal du domicile du père ou de la mère, c'est-à-dire que nous appliquerons dans ce casl es règles de la procédure civile (art. 59 C. Pr. C.).

Une question soulève cependant une légère controverse, c'est celle de savoir quel est le tribunal compétent pour la restitution de la puissance paternelle. Examinons d'abord l'opinion qui enseigne que le seul tribunal compétent est celui dont le jugement a fait naître l'incapacité. En effet, disent les partisans de cette théorie, la procédure de l'interdiction a servi de modèle à celle de la déchéance, et dans le cas de demande de main-levée d'interdiction, le tribunal compétent est celui qui a prononcé cette interdiction. Il doit en être de même dans le cas de restitution de la puissance paternelle. En réalité, la question de savoir quel est le tribunal compétent pour la main-levée de l'interdiction est fort controversée, et nombre d'auteurs considèrent comme tel le tribunal du domicile ; l'incertitude qui règne sur la question nous oblige donc à rejeter ce premier système.

Une seconde opinion prétend qu'il faut se placer au point de vue de l'intérêt de l'enfant : or, c'est au tuteur à défendre ces intérêts : la demande doit donc être dirigée contre le tuteur qui peut, d'après l'art. 16, présenter les observations et oppositions qu'il aurait à faire contre la demande. Ce serait donc le tribunal du domicile de la tutelle qui devrait être compétent.

Quant à nous, nous aimons mieux dire que le tribunal compétent est le tribunal du père ou de la mère ; en effet, la règle la plus généralement admise pour la mainlevée d'interdiction est la règle *actor sequitur forum rei ;* mais en outre, l'art. 15 semble faire marcher de front la demande en restitution de puissance paternelle et la réhabilitation ; or, en matière de réhabilitation, l'art. 622 du Code d'Instruction Criminelle nous dit que c'est au Procureur de la République de l'arrondissement du demandeur qu'échoit la charge d'instruire l'affaire, il semble donc que les deux demandes doivent avoir une marche parallèle auprès du même tribunal ; en outre, dans notre système, nous restons dans la règle générale, que le tribunal du domicile est le seul tribunal civil compétent pour les questions accessoires à la déchéance ; et quant à l'intérêt de l'enfant, pourquoi le tribunal du domicile du demandeur ne serait-il pas aussi favorable à cet intérêt que le tribunal de la tutelle ; ne peut-on même pas dire qu'il le sera davantage, puisqu'il sera le plus à même de juger si le père est redevenu digne de cette puissance paternelle.

CHAPITRE IX

Une fois le tribunal compétent connu, il faut le saisir et poursuivre les actes de procédure jusqu'à la prononciation du jugement ; examinons les moyens mis en œuvre pour arriver à ce but, d'abord devant le tribunal civil, puis devant le tribunal répressif.

Par qui l'action en déchéance est-elle mise en mouvement devant les tribunaux civils ? Le projet discuté au Sénat en 1883 distinguait : toutes les fois qu'une condamnation susceptible d'entraîner la déchéance était prononcée, le renvoi devant le tribunal civil du domicile du condamné était de droit, à la requête du ministère public. Au contraire, dans les cas prévus par les paragraphes 5 et 6 de l'art. 2, le droit d'action appartenait à la mère s'il s'agissait du père, aux ascendants s'il s'agissait des père et mère d'enfant légitime, aux représentants des établissements de charité s'il s'agissait d'enfants recueillis par ces établissements. Ce projet repoussé en 1883 fut remplacé en 1888 par un autre système qui

accordait au ministère public seul le droit d'action. Enfin
l'art. 3 de la loi de 1889 donne le droit d'intenter l'action
en déchéance aux parents des mineurs au degré de cousin
germain ou à un degré plus rapproché, et au ministère
public. L'énumération de l'art. 3 doit être entendue res-
trictement ; aussi dirons-nous que ce droit appartient
aux hommes comme aux femmes, mais qu'on ne peut
l'accorder aux alliés, le texte n'employant que le mot de
parents. La femme a-t-elle besoin d'être autorisée pour
demander la déchéance du mari ? Certaines personnes
déclarent qu'il faut raisonner dans ce cas par analogie
avec ce qui existe en matière d'interdiction, car l'art. 3
de la loi de 1889 a son origine dans l'art. 490 du Code
Civil ; or, disent-elles, la plupart des auteurs et la jurisprudence admettent que la femme n'a besoin d'aucune
autorisation pour provoquer l'interdiction de son mari
(Toulouse 8 février 1823), il faut donc donner ici la
même solution. Quant à nous, nous ne voyons aucun
texte qui nous permette de déroger à la règle fondamentale de l'autorisation, pour la femme, de mari ou de justice, et nous exigerons cette autorisation pour la demande en déchéance.

Comment la demande en justice peut-elle être formée ? Le projet primitif déclarait que l'instance serait
introduite par une simple demande, et renvoyait pour le
surplus aux formes prescrites pour l'interdiction par les
art. 890, 891, 892, 893 du Code de procédure civile ; le
texte définitif a restreint le renvoi aux art. 892 et 893, et

a remplacé les deux autres par le texte suivant de l'art. 4 : « Le ministère public ou la partie intéressée, dit le paragraphe 2, introduit l'action en déchéance par un mémoire présenté au président du tribunal, énonçant les faits, et accompagné de pièces justificatives. Ce mémoire est notifié aux père et mère ou ascendants dont la déchéance est demandée ».

Quand la demande a été formée, et avant qu'aucun autre acte de procédure ne soit fait et qu'aucun jugement, même d'avant faire droit, ne soit rendu, le ministère public doit procéder à une enquête sommaire ordonnée par le paragraphe 1er de l'art. 4. Le Procureur de la République y fait procéder par les agents ordinaires des informations de ce genre, juges de paix, maires, commissaires de police ou gendarmes. Quant au but de cette enquête, ce n'est pas seulement de savoir s'il y a lieu de prononcer la déchéance, mais aussi, dans le cas où elle serait prononcée, de déterminer comment la tutelle serait organisée, à combien se montera la pension payée par le père déchu, et autres questions analogues. L'utilité de cette enquête sommaire est établie dans le rapport de M. Courcelle Seneuil : « Il faut, dit-il, que toutes les informations de nature à éclairer le juge relativement à la déchéance et à la tutelle de l'enfant soient prises dès le commencement de la procédure, afin que, lorsqu'il prendra une décision, il sache si la famille a une existence sérieuse, et quelles ressources elle peut offrir pour l'éducation de l'enfant. » L'importance de cette enquête sommaire est du reste prouvée par la circulaire du Ministre de l'Intérieur du 16 août 1889, et par celle du Garde des Sceaux du 21 septembre 1889.

Remarquons que si la demande émane du ministère public, elle devra être précédée et non suivie de cette enquête, car on ne veut pas qu'un membre du parquet saisisse le tribunal sans avoir de renseignements probants ; il est préférable, à tous égards, que cette demande ne soit formée que lorsque son auteur s'est entouré de tous les documents désirables.

Une fois la demande formée et l'enquête sommaire terminée, le tribunal commet un juge pour faire le rapport au jour indiqué. Doit-il y avoir communication au ministère public ? Le texte est muet, mais l'historique de la loi montre que cette communication est nécessaire. En effet, le paragraphe 3 a été introduit par le Conseil d'Etat ; or, celui-ci ne permettait qu'au ministère public de former une demande en déchéance ; en outre, de nombreux textes seraient inexplicables si l'on n'admettait pas cette communication. En effet, l'art. 83 du Code de procédure civile exige la communication au ministère public des affaires concernant l'état des personnes, les tutelles, et les causes intéressant les mineurs. En outre, l'art. 892 du même Code, auquel renvoie le paragraphe 4 de notre article, exige également cette communication ; enfin le paragraphe 5 du même art. 4 porte que, dans toute instance relative à une question de déchéance, le ministère public est entendu dans ses conclusions, ce qui indique *a fortiori* qu'il doit y avoir communication.

Le texte de la loi, après cette procédure en quelque sorte préliminaire, renvoie aux art. 892 et 893 du Code de procédure civile relatifs à la procédure d'interdiction en faisant cette restriction : « Toutefois la convocation du conseil de famille reste facultative pour le tribunal. » Une difficulté s'est élevée au sujet de cette assimilation faite par le législateur entre la procédure de déchéance et celle d'interdiction, à cause même de cette réserve. Dans le cas de demande d'interdiction, le défendeur n'est mis en demeure de se défendre qu'après que le conseil de famille a été appelé à donner son avis. Doit-on, pour la demande en déchéance, ne mettre le défendeur en cause qu'après la réunion du conseil de famille, ou bien la restriction relative à la convocation de ce conseil aurait elle une influence sur la question ? A notre avis on ne saurait mieux répondre que ne l'a fait la Cour d'Angers dans les considérants de son arrêt du 18 mars 1891 : « Attendu qu'aux termes de l'art. 4 de la loi du 24 juillet 1889, la convocation du conseil de famille reste facultative pour le tribunal ; qu'il suit de cette disposition la démonstration évidente que, conformément d'ailleurs au respect des droits de la défense, le père, dont la déchéance est poursuivie, doit être mis en demeure, par la notification du mémoire renfermant la demande en déchéance de la puissance paternelle, de présenter sa défense au tribunal dès le moment où celui-ci est saisi, afin que ce tribunal puisse décider en toute connaissance de cause si, précisément, il y a, ou non, lieu pour lui de se prononcer *de plano*, soit de prescrire une mesure d'instruction et notamment la convocation du conseil de famille ;

« Attendu que si le même article dispose qu'il est procédé dans les formes prescrites par les art. 892 et 893 du Code de procédure civile qui sont applicables à l'interdiction, et si, d'après l'art. 893 précité, la requête et l'avis du conseil de famille doivent être signifiés au défendeur avant qu'il soit procédé à son interrogatoire, il n'en résulte pas qu'en matière de déchéance de l'autorité paternelle, le mémoire introductif de l'instance ne doive être notifié au défendeur qu'après que la convocation du conseil de famille a été ordonnée ; qu'en effet il résulte de l'art. 4, sus-rappelé, que le tribunal peut, pour statuer, se passer de l'avis du conseil de famille, tandis que d'après l'art. 892 du Code de procédure civile, en matière d'interdiction, le tribunal doit ordonner que le conseil donnera son avis sur l'état de la personne dont l'interdiction est demandée ».

En d'autres termes, et pour résumer ces considérants, nous pouvons dire qu'en matière d'interdiction, la convocation du conseil de famille étant forcée, ne préjuge rien, tandis qu'en matière de déchéance, cette convocation étant facultative, le tribunal est appelé à prendre une décision qui peut préjuger sur le fond, et il est de toute justice que celui dont la déchéance est poursuivie soit admis à défendre ses intérêts.

Une autre question se pose qui a donné lieu à controverse, aussi bien en doctrine qu'en jurisprudence : faut-il qu'il y ait, dans la procédure de la loi du 24 juillet 1889, constitution d'avoué ?

On peut fort légitimement douter que le ministère d'avoué soit obligatoire en cette matière par des raisons tirées de l'intérêt du demandeur et de celui du défendeur. Pour ce dernier surtout on peut soutenir que la demande en déchéance a un caractère si essentiellement personnel que la plus grande liberté doit lui être laissée pour sa défense ; s'il est indigent faudra-t-il donc admettre qu'il lui soit impossible de défendre ses droits ? Si on dispense le défendeur de la constitution d'avoué, il n'y a pas plus de raisons pour y assujettir le demandeur ; celui-ci fait acte de dévouement en prenant la défense d'un mineur dont il n'a ni la responsabilité, ni la charge ; n'est-ce pas, du reste, pour bien marquer la différence avec les procédures ordinaires que la loi a employé le mot *mémoire*, de préférence à celui de *requête* usité en matière d'interdiction ?

Quoique ces raisons puissent paraître excellentes, rien, ni dans le texte de la loi, ni dans les travaux préparatoires, ne nous montre la volonté du législateur de déroger au principe général d'après lequel le ministère des avoués est obligatoire devant les tribunaux de première instance et les cours d'appel ; toutes les fois que la loi a voulu y déroger, elle l'a dit expressément. On prétend qu'en ce qui concerne le défendeur, la demande a un caractère essentiellement personnel, et que ce serait entraver sa défense que de lui imposer l'obligation de constituer avoué. Mais les demandes en divorce, en séparation de corps, en interdiction, etc., ont un caractère aussi personnel, et nul n'a jamais songé à dispenser, en ces matières, le défendeur de cette constitution.

On a objecté que si dans la procédure d'interdiction le défendeur devait constituer avoué, il n'en était pas de même pour la procédure de la déchéance, quoique la loi de 1889 renvoyât aux art. 892 et 893 du Code de procédure civile. En effet, dit-on, la procédure de l'interdiction est divisée par la loi elle-même en deux phases distinctes dont la deuxième ne commence qu'après l'interrogatoire ; en matière de déchéance, au contraire, tout est terminé après l'interrogatoire. Nous avons démontré et admis que les deux parties de la procédure de l'interdiction avaient été fondues en une seule par le législateur de 1889 qui avait voulu que le défendeur fût, en matière de déchéance, mis en cause dès le début de la procédure. Est-ce à dire qu'il n'y ait aucun acte de procédure entre l'interrogatoire et le jugement ? On objecte que la loi de 1889 n'oblige pas le défendeur à prendre des conclusions ; la loi ne dit pas non plus que les parties aient le droit de faire plaider leur cause, et cependant personne ne met ce droit en doute.

On fait observer que le droit d'appel a son point de départ du jour même du jugement, n'est-ce pas à dire qu'il faille suivre les règles du Code d'Instruction Criminelle, et déclarer que le défendeur n'a pas à constituer avoué ? Sans doute, cette règle consacrée par l'art. 7 est empruntée aux principes du droit criminel ; mais cela ne veut pas dire que la matière cesse pour cette cause d'être civile : il ne faut pas faire d'une exception la règle ; c'est ce qu'a décidé la Cour d'appel de Bourges qui, dans un arrêt du 6 mai 1891, a déclaré que les dispositions de l'art. 7 ont un caractère exceptionnel, qu'elles doivent être interprétées et appliquées d'une façon toute restrictive, et, qu'en dehors des règles prévues qu'édicte cet article, c'est au Code de procédure civile qu'il faut, à tous les points de vue, se référer.

Si l'on impose au défendeur l'obligation de constituer avoué, il faudra, à plus forte raison, le faire pour le demandeur, car on n'est jamais forcé de former une demande : mais alors, dira-t-on, les enfants ne seront plus protégés ; nous répondrons que les collatéraux ont le droit de dénoncer au parquet les faits qui leur sembleraient appeler une action en déchéance, et de s'en remettre ensuite à la diligence du ministère public. La jurisprudence commence à fournir quelques éléments sur la question : la Cour de Bourges, dans un arrêt déjà mentionné, du 6 mai 1891, décide : « Que les parties ne peuvent se présenter en personne et doivent être assistées d'un avoué. » La Chambre des requêtes a rendu un arrêt dans le même sens le 23 février 1891, en décidant que le pourvoi n'est recevable que s'il est formé par requête signée d'un avocat à la Cour de Cassation. Les tribunaux de première instance ont une jurisprudence moins fixe ; les uns déclarent qu'il n'est pas nécessaire de constituer avoué ; d'autres, au contraire, reconnaissent cette constitution comme indispensable (Tr. Seine, 27 juin 1891. Tr. Bernay, 13 août 1890. Tr. Les Andelys, 24 mars 1891).

Après avoir tranché ces deux controverses, sur le moment où le défendeur doit être mis en cause, et sur la question de savoir s'il y a lieu à constitution d'avoué, il nous faut maintenant reprendre la procédure au point où nous l'avons laissée, c'est-à-dire au moment où le président commet un juge pour faire le rapport, et fixe le jour où le tribunal sera appelé à l'entendre. Comme ce jour est également celui où le défendeur doit être cité, il doit être fixé d'après le délai légal ; or, de combien de jours se compose ce délai ? A notre avis, et malgré le silence de la loi, il faut appliquer les règles ordinaires de la procédure civile : ce sera le délai de huitaine franche, plus un jour par cinq myriamètres. Tous les tribunaux ne sont pas d'accord sur ce point, car plusieurs ne donnent au défendeur que le temps moral pour se présenter devant les juges, c'est-à-dire le plus souvent vingt-quatre heures. Quant aux formes de l'exploit, elles sont réglées par le Code de procédure civile ; toutefois, quand la demande est formée par le ministère public, la Chancellerie prescrit d'employer, de préférence à l'huissier, et pour éviter des frais, les agents de la force publique, gendarmes, gardes-champêtres, etc. C'est même pour cela, dit-on, qu'on a employé le mot notification au lieu de signification. Quant à la tentative de conciliation, il ne peut en être question, l'affaire étant de celles qui, par leur nature, échappent à ce préliminaire.

Une fois le rapport du juge présenté au tribunal et les parties entendues dans leurs conclusions, trois cas peuvent se produire : ou bien le tribunal rejette *de plano* la requête si les faits allégués ne semblent pas pertinents ; ou bien il juge qu'il y a lieu de convoquer le conseil de famille ; ou bien il déclare qu'il faut continuer la procédure, mais qu'il n'y a pas lieu de convoquer le conseil de famille ; faut-il dans ce cas un jugement, ou bien peut-on passer purement et simplement aux actes ultérieurs de la procédure ? Certains auteurs ont fait le raisonnement suivant : la règle à suivre est la règle établie par le Code de procédure civile, donc le tribunal devra rendre un jugement comme le dit l'art. 892 du Code en question, sauf à rendre un jugement en quelque sorte négatif, c'est-à-dire un jugement par lequel ledit tribunal déclarera qu'il n'y a pas lieu à réunion du conseil de famille. Telle n'est pas notre opinion ; si l'art. 4 n'est pas clairement rédigé dans son paragraphe 4, l'intention du législateur nous paraît cependant manifeste ; il a voulu que les tribunaux ne pussent prononcer la déchéance qu'après s'être munis de tous les renseignements désirables, et il leur indique les moyens de les obtenir plutôt qu'il ne prescrit une forme de procéder. Il a décidé, il est vrai, que les juges ne pourraient statuer qu'après enquête du parquet, avis du juge de paix, et interrogatoire du défendeur, et ce sont là des formalités nécessaires ; mais à côté de ces formalités, il y a des moyens d'information qu'il ne faut pas confondre avec elles, et parmi ces moyens nous devons ranger l'avis du conseil de famille si le tribunal le juge nécessaire pour s'éclairer. Le tribunal n'ordonne la réunion de ce conseil que comme il ordonnerait une enquête ; or, il est impossible que les tribunaux soient forcés de rendre un jugement pour déclarer qu'un moyen d'information proposé n'est pas nécessaire, et c'est à notre avis le cas dans cette circonstance. Du reste, on ne trouve rien de contraire à notre théorie dans la jurisprudence. Toutefois remarquons que si le défendeur demandait dans ses conclusions la réunion du conseil de famille, et que le tribunal ne fût pas de cet avis, il serait forcé de rendre un jugement, sinon il y aurait lieu à appel, et pour les jugements en dernier ressort à requête civile.

Supposons que le tribunal ait ordonné la convocation du conseil de famille ; quel est ce conseil ? Certains auteurs, s'appuyant sur l'analogie qui existe avec la procédure de l'interdiction, ont prétendu que c'était le conseil de famille de celui dont on provoque la déchéance ; mais c'est là une erreur que le but de la loi indique clairement ; ce but, on le sait, est la protection de l'enfant maltraité ou moralement abandonné ; c'est donc le conseil de famille de cet enfant, et lui seul, qui doit être convoqué. Ce sera au juge de paix, sur le vu du jugement, à en provoquer la réunion. Une fois le conseil réuni il devra donner son avis, non seulement sur la déchéance poursuivie, mais aussi sur toutes les questions qui peuvent se poser relativement à l'organisation de la tutelle. Le père, la mère, ou l'ascendant dont la déchéance est demandée, peut-il faire partie du conseil de famille ? Le tuteur dont on demande la destitution doit, il est vrai, être entendu, mais aucun texte n'en impose ici l'obligation, et cela suffit pour laisser le conseil libre d'entendre ou non ce père, cette mère, ou cet ascendant. Nous donnerons la même solution pour savoir si celui qui demande la déchéance peut faire partie du conseil de famille. L'art. 495 du Code civil défend à celui qui demande l'interdiction de faire partie de ce conseil, mais nous ne trouvons dans notre matière aucun texte analogue, et cela nous permet de dire que le demandeur en déchéance peut faire partie du conseil de famille.

L'avis du conseil de famille est ensuite signifié au défendeur, et citation lui est donnée de comparaître au jour fixé pour subir un interrogatoire. La fixation de ce jour a-t-elle lieu par jugement, ou une simple ordonnance du président peut-elle suffire ? Cette dernière solution nous semble la meilleure ; en effet, rien dans la loi ne montre la nécessité d'un jugement qui serait une source nouvelle de frais. Quel délai doit exister entre le jour de la citation et celui de l'interrogatoire ? Certains auteurs exigent le délai ordinaire des assignations civiles, c'est-à-dire huit jours ; mais, à notre avis, il vaut mieux donner la solution généralement admise en matière d'interdiction, c'est-à-dire accorder au défendeur le temps moral pour se présenter devant le tribunal, et regarder comme suffisant un délai de vingt-quatre heures.

L'interrogatoire est une formalité essentielle de la procédure ; il est ordonné par l'art. 893 du Code de procédure civile, et la loi de 1889, qui y renvoie, n'y déroge en aucune façon. Le tribunal doit y procéder quand le défendeur est présent, ou constater son absence et passer outre, quand il fait défaut ; mais est-il permis au tribunal de commettre un juge pour interroger le défendeur à son domicile ? Cette faculté est accordée dans le cas d'interdiction par l'art. 496 du Code civil, mais la loi de 1889 ne faisant pas de renvoi à cet article, il nous est impossible de permettre aux juges de commettre une telle dérogation aux règles ordinaires.

Cet interrogatoire a lieu devant le tribunal tout entier, en présence du ministère public et du greffier, mais en la Chambre du Conseil : on entend ensuite les parents et témoins cités par le demandeur, mais le tribunal peut, croyons-nous, s'en dispenser ; par contre, il peut inviter le demandeur ou le ministère public à faire citer d'autres témoins s'il désire les entendre.

Enfin une formalité essentielle exigée par l'art. 4 est l'avis du juge de paix du canton où le défendeur a son domicile ; l'utilité de cette consultation se comprend surtout lorsque le conseil de famille n'a pas été appelé à se prononcer.

Lorsqu'après l'interrogatoire le tribunal ne se trouve pas assez éclairé, il peut avoir recours à deux mesures facultatives prévues, l'une par l'art. 893 du Code de procédure civile, et l'autre par l'art. 4 de la loi de 1889 ; ce sont : l'enquête ordonnée par le tribunal et la mise en demeure des parents connus du mineur. L'art. 893 décide en effet que si les faits peuvent être justifiés par témoins, le tribunal ordonnera, s'il y a lieu, l'enquête qui se fera en la forme ordinaire, c'est-à-dire devant un juge commis à cet effet ; de plus, comme le renvoi fait par la loi de 1889 à l'art. 893 a lieu sans restriction, il faudra décider aussi que, si les circonstances l'exigent, le tribunal pourra ordonner que l'enquête sera faite hors de la présence du défendeur, quoique la raison qui explique cette situation en cas d'interdiction pour folie ne se retrouve pas dans le cas de déchéance de la puissance paternelle. La mise en demeure des parents du mineur, permise par l'art. 4, n'est réglementée dans aucune de ses formes, toutefois on doit admettre que ce n'est pas là une formalité substantielle, et comme ces parents sont entendus, non comme parties, mais en vue de l'instruction de l'affaire, il faut déclarer qu'ils ne peuvent se faire représenter par un conseil, à plus forte raison constituer avoué.

L'interrogatoire termine la première partie de la pro-

cédure en matière d'interdiction ; le procès-verbal en est
levé par le demandeur, et signifié au défendeur avec assignation à comparaître devant le tribunal en audience
publique où la procédure se poursuit comme en droit
commun. En est-il de même pour la procédure de la
déchéance ? Il est certain que le seul acte de procédure
qui soit fait en audience publique, c'est la prononciation
du jugement, le dernier paragraphe de l'art. 4 est formel sur ce point ; mais n'y a-t-il lieu à aucun acte, dans
la chambre du conseil, entre l'interrogatoire et la prononciation du jugement en audience publique ? Suivant
certains auteurs, le seul acte permis aux parties après
l'interrogatoire serait la plaidoirie ; le jugement aurait
lieu aussitôt après ; la raison sur laquelle on s'appuie
serait celle-ci : la loi renvoie aux seuls articles 892 et
893 du Code de procédure civile, et ajoute immédiatement : « la Chambre du Conseil procède à l'examen de
l'affaire ». Or, les articles désignés s'occupent seulement
de la réunion du conseil de famille, de l'interrogatoire du
défendeur, et de l'enquête, s'il y a lieu ; de telle sorte qu'il
semble, qu'après ces mesures d'instruction, le tribunal
doive procéder au jugement. Suivant une autre théorie,
au contraire, la procédure pourrait se poursuivre sur le
champ comme pour l'interdiction, et donner lieu à des
conclusions prises entre avoués et signifiées, à des plaidoiries, aux conclusions du ministère public. En un mot,
la procédure ne différerait plus guère des affaires ordinaires que par la dérogation consacrée par le paragraphe

5 de l'art. 4, qui spécifie que les débats n'ont pas lieu en audience publique, mais toujours en chambre du conseil : c'est cette théorie qui nous paraît la meilleure.

S'il y a controverse sur la procédure en chambre du conseil, une chose est incontestable et incontestée, c'est que le jugement sur le fond est le seul acte de procédure fait en audience publique. Une question s'est soulevée à ce propos : quand le tribunal rend un jugement pendant l'instruction en chambre du conseil, ce jugement doit-il être prononcé en audience publique ? A notre avis on ne saurait mieux répondre à la question que ne l'a fait la Cour d'Angers dans son arrêt du 18 mars 1891 : « Attendu que la disposition pénale de l'art. 4 de la loi de 1889 porte que le jugement est prononcé en audience publique ; que dans le silence de cette disposition rien n'autorise à admettre qu'elle ne s'applique qu'au jugement définitif sur le fond, alors que la publicité du jugement est la règle générale en cas de débats contradictoires même en matière d'interdiction ; » Nous dirons donc, avec la jurisprudence, que si la procédure, dans sa première partie, a lieu en chambre du conseil, les jugements auxquels elle donne lieu devront, toutefois, être prononcés en audience publique.

Il peut se produire, dans le cours de la procédure, des incidents ; l'un des plus fréquents est prévu par l'art. 5, et a pour but des mesures provisoires relatives à la garde et à l'éducation des enfants. Ces mesures qui ont le plus souvent pour objectif de soustraire les descendants du défendeur à son autorité, peuvent être ordonnées sur la demande des parties intéressées, du ministère public, et même d'office. Elles auront le plus souvent pour résultat de remettre l'enfant à l'Assistance publique. Elles pourront être ordonnées par la chambre du conseil, dit le texte, mais il faut encore admettre qu'en cas d'extrême urgence le président pourra, en référé, ordonner des mesures provisoires, au moins jusqu'au moment où la chambre du conseil se trouvera saisie.

Un autre incident peut se produire dans le cas prévu par l'art. 13, je veux dire quand un tiers demande au tribunal que l'enfant lui soit confié. Dans ce cas, (nous ne nous occupons ici que de la procédure), la demande est formée par voie de requête, et cette requête doit être considérée comme une requête d'intervention de la nature de celle prévue par l'art. 339 du C. Pr. C., et qui consiste dans des conclusions signifiées aux parties en cause par simple acte d'avoué. Cette intervention, pour être recevable, doit être formée pendant l'instance en déchéance, c'est-à-dire avant qu'il n'ait été statué sur le fond.

Les jugements rendus en matière de déchéance de la puissance paternelle sont susceptibles d'être attaqués par la voie de l'opposition et par celle de l'appel ; mais le tribunal peut toujours les déclarer exécutoires nonobstant opposition ou appel, et en outre, les jugements rendus sur les matières provisoires sont toujours exécutoires par provision s'il y a urgence.

L'art. 6 contient tout un système sur l'opposition dans la loi de 1889 ; aussi, comme cette voie de recours est réglée d'une façon spéciale, il faut en conclure que cet article doit être pris dans un sens littéral et limitatif, et, qu'en dehors des cas prévus l'opposition, n'est pas possible ; les jugements qui auront prononcé la déchéance, mais eux seuls, seront donc susceptibles de cette voie de recours ; d'autre part l'art. 6 édicte des délais spéciaux : dans le cas où le jugement a été notifié à personne, le délai est de huit jours, et quand cette notification a été faite au domicile du défendeur, il est d'un an. La loi de 1889 consacre en outre la règle générale qu'opposition sur opposition ne vaut.

L'art. 7 règle le droit d'appel. Ce droit n'étant pas limité par le texte au jugement qui prononce la déchéance, il en résulte que tous les jugement définitifs, provisoires, interlocutoires, sont en cette matière susceptibles d'appel. Cette voie de recours est ouverte à toutes les parties ; elle l'est même au ministère public quand il est partie principale ; c'est indiscutable, mais nous l'admettrons même quand il n'est que partie jointe ; nous nous inspirerons pour cela de la jurisprudence suivie en matière d'état civil, et en général dans tous les cas où le ministère public jouit en matière civile d'un droit d'action.

Le délai d'appel varie suivant que le jugement est contradictoire ou par défaut ; dans le premier cas, il est de dix jours à partir de la prononciation du jugement, et à partir du jour où l'opposition n'est plus recevable dans le second. Le délai d'appel, dans ce dernier cas, sera donc de dix-huit jours à partir de la notification faite à la personne du défendeur, ou d'un an et dix jours à partir de la notification faite à domicile. Que décider pour l'appel d'un jugement par défaut qui n'est pas susceptible d'opposition ; de quel jour faut-il faire courir le délai d'appel ? La solution la meilleure serait peut-être de faire courir ce délai du jour de la signification du jugement comme en matière correctionnelle.

Les délais d'opposition et d'appel ne sont pas des délais francs, la formule employée l'indique suffisamment ; quant aux délais à raison des distances, la loi est muette sur ce point ; il faut néanmoins, à notre avis, appliquer l'art. 1033 du Code de procédure civile qui est général.

La loi de 1889 ne renfermant aucune disposition sur les formes de l'opposition et de l'appel, il faudra appliquer les règles générales du Code de procédure civile. C'est bien du reste ce qui a été décidé par la Cour de Bourges dans un arrêt du 6 mai 1891 : « Considérant que l'action en déchéance de la puissance paternelle exercée contre les époux D... est purement civile ; que la loi du 24 juillet 1889 a soumis, par ses articles 3 et suivants, cette action à la procédure de la chambre du conseil, et l'a, par suite, rangée au nombre des affaires civiles ; qu'elle renvoie notamment à l'art. 893 C. Pr. C. pour les formes de l'enquête qui pourrait être ordonnée par le tribunal ; qu'elle s'est écartée des principes posés en matière criminelle, en édictant que le jugement prononçant la déchéance de la puissance paternelle pourrait être déclaré exécutoire nonobstant opposition ou appel ; que l'on ne s'expliquerait pas que le législateur ait voulu soumettre les affaires dont s'agit, partie aux règles de la procédure civile, partie aux règles de la procédure criminelle ; que c'est donc la procédure civile qui doit être suivie ; que les parties ne peuvent se présenter en personne et doivent être assistées d'un avoué comme les époux D... le sont aujourd'hui devant la cour.... » Comme on le voit, la Cour de Bourges est très nette, et décide que les formes de l'opposition et de l'appel d'après le Code de procédure civile sont nécessaires et suffisantes.

Enfin, complétons la liste des voies de recours auxquelles donne naissance la loi du 24 juillet 1889, en disant qu'il peut y avoir lieu, dans les conditions et dans les cas prévus par le Code de procédure civile, aux voies de recours extraordinaires suivantes : le pourvoi en Cassation, la requête civile, et la tierce opposition.

Il existe une particularité pour l'exécution du jugement lorsque la tutelle est déférée à l'Assistance Publique, comme cela a lieu le plus souvent ; c'est que la décision de la justice, génératrice du droit de tutelle au profit de l'Assistance Publique, doit être portée à sa connaissance par une notification sur papier libre.

Voilà, dans ses traits généraux, la procédure de la déchéance devant les tribunaux civils ; une question.

reste à examiner avant d'arriver à la procédure devant les tribunaux répressifs, c'est de savoir quelles règles nous appliquerons devant les tribunaux civils pour la dévolution de la puissance paternelle et la constitution de la tutelle, lorsque la déchéance aura lieu de plein droit ou aura été prononcée par le tribunal correctionnel.

Le paragraphe 1er de l'art. 9 dans le cas de déchéance de plein droit, renvoie, pour la procédure devant le tribunal civil, aux art. 3, 4, 5, 6 et 7 déjà étudiés ; mais comme la question n'est pas identiquement la même, il ne faut faire des emprunts à ces articles qu'avec un certain discernement. D'abord il est inutile de mettre en cause le père ou la mère précédemment déchu de la puissance paternelle ; et même il ne faut pas, quand il ne s'agit que de statuer sur la dévolution des droits, exiger la mise en cause de la mère quand le père est déchu, ou celle des ascendants tant paternels que maternels. Dans ce dernier cas, en effet, les ascendants n'ont pas à la puissance paternelle un droit distinct de celui de tout candidat éventuel à la tutelle ; la mère a certainement un intérêt sérieux à pouvoir défendre ses droits, mais elle sera suffisamment protégée par la mise en demeure qui doit, d'après l'art. 4 paragraphe 1er, lui être adressée ainsi qu'aux parents du mineur « de présenter au tribunal leurs observations et oppositions ».

Parmi les mesures de procédure édictées par l'art. 4, il en est une qui nous paraît inapplicable dans notre espèce, c'est l'interrogatoire du père, car il n'est plus ici en cause, et ne peut jouer le rôle de défendeur ; par contre nous empruntons à l'art. 4 : l'enquête sommaire sur la situation du mineur et la moralité de ses parents connus, le mémoire présenté par le demandeur et énonçant les faits, la désignation du juge rapporteur, la faculté pour le tribunal d'ordonner la convocation du conseil de famille, l'avis du juge de paix du canton.

Le tribunal pourra également ordonner, dans le cours de cette procédure, les mesures provisoires édictées par l'art. 5, et permettre l'application des dispositions de l'article 7 sur l'appel ; mais le renvoi fait par l'art. 9 à l'art. 6 nous semble anormal, car puisqu'il n'y a pas de défendeur, il ne peut y avoir de défaut, et par suite d'opposition.

Nous avons raisonné dans le cas où la déchéance ayant eu lieu de plein droit ou ayant été prononcée par le tribunal répressif, le tribunal civil n'a à s'occuper que de la constitution de la tutelle, et nous avons dit que, dans cette hypothèse, il n'y aura pas de défendeur ; mais il est des cas où la demande doit rencontrer un contradicteur ; il en serait ainsi si des contestations s'élevaient entre le tuteur ou l'Assistance Publique et le père, la mère ou les ascendants, auxquels des aliments peuvent être demandés, sur le chiffre de la pension qui sera payée par ceux-ci ; dans ce cas la procédure générale de la loi de 1889 sera applicable. Mais s'il s'agit d'un incident sur l'exécution du jugement, et en général s'il s'élève une contestation relative à cette exécution, le tribunal saisi, dans la forme ordinaire, doit statuer d'après les règles du droit commun.

Nous avons à peu près épuisé la procédure devant les tribunaux civils, nous allons maintenant étudier celle qui a lieu devant les tribunaux de répression.

Et d'abord, à qui appartient le droit d'action devant ces tribunaux ? Que le ministère public ait qualité pour conclure à la déchéance, cela est incontestable ; mais les parents jusqu'au quatrième degré ont-ils aussi ce droit ? Le paragraphe 1er de l'art. 9 leur permet de saisir la juridiction compétente ; or, comme cette juridiction est ici le tribunal répressif, et que la loi ne fait pas de distinction, on devrait en conclure que les parents peuvent saisir ce tribunal. Tel n'est pas cependant notre avis ; le paragraphe dont il est question a été rédigé, comme nous l'avons vu, à une époque où la compétence du tribunal civil était seule admise ; en outre, pour qu'un particulier puisse intervenir devant une juridiction criminelle, il faut qu'il se porte partie civile, et il ne peut le faire que s'il a éprouvé un dommage du fait délictueux, ce qui n'existe pas ici. Notre conclusion sera donc de refuser aux parents le droit de saisir le tribunal de répression, mais il leur restera toujours, dans le cas d'abstention du ministère public, le droit d'agir devant le tribunal civil.

Une autre question se pose : la déchéance peut-elle être prononcée d'office par le tribunal de répression, et celui-ci peut-il, d'office également, se saisir des questions relatives à la dévolution de la puissance paternelle et à la tutelle? Répondre affirmativement serait considérer la déchéance comme une peine ; or, si la loi ordonne ou permet la déchéance à l'occasion de condamnations, elle n'en fait pas cependant une peine véritable, et la preuve c'est que le tribunal civil est compétent pour la prononcer. C'est comme tribunal civil que le tribunal répressif connaît de la question, en vertu d'une prorogation de compétence dont le caractère est nécessairement exceptionnel et restrictif ; dès lors le droit d'action est exclusivement régi par les principes de la loi de 1889, et comme aucun texte dans cette loi ne donne au tribunal le droit de se saisir d'office, il faudra le lui refuser.

La procédure établie pour les tribunaux civils, mémoire introductif, rapport d'un juge commis, interrogatoire du défendeur, convocation facultative du conseil de famille, ne peut exister devant le tribunal correctionnel ou la cour d'assises. Aussi pour remplacer cette procédure, le tribunal doit-il être éclairé sur ces points par le rapport du juge d'instruction ; ce magistrat devra réunir tous les renseignements et tous les éléments propres à éclairer le tribunal, à lui permettre de décider s'il y a lieu ou non à déchéance, et dans le cas où celle-ci serait prononcée, de déclarer comment la tutelle sera constituée. Aussi, toutes les fois que le tribunal ne trouvera pas dans l'instruction les renseignements nécessaires, il devra se refuser à prononcer cette déchéance, et ce sera surtout dans le cas de flagrant délit que la prudence la plus grande sera recommandée aux juges.

Lorsque le tribunal de répression se sera dessaisi de l'affaire par un jugement prononçant une peine, son droit de juridiction est épuisé, mais on peut s'adresser au tribunal civil pour la question de déchéance ; la solution sera la même si le tribunal de répression a refusé de se prononcer sur la question de déchéance faute d'éléments suffisants pour fixer sa décision ; mais le tribunal correctionnel peut-il, en prononçant une peine, renvoyer à une audience ultérieure pour la décision à intervenir sur la déchéance ? Le paragraphe 2 de l'art. 9 nous semble résoudre la question dans le sens de la négative : « Toutefois, dit ce paragraphe, lorsque les tribunaux répressifs prononceront les condamnations prévues aux art. 1 et 2 paragraphes 1, 2, 3, 4, ils pourront statuer sur la déchéance de la puissance paternelle dans les conditions établies par la présente loi ». Si la loi avait permis de renvoyer l'examen de la déchéance après la prononciation du jugement de condamnation, le texte aurait dû dire « lorsque les tribunaux répressifs *auront prononcé* ». Le mot *prononceront* semble indiquer que la déchéance doit être prononcée dans le jugement même qui emporte la peine.

Les voies de recours contre les décisions des tribunaux répressifs prononçant la déchéance de la puissance paternelle sont celles établies par le code d'Instruction criminelle et sont régies par les mêmes règles.

CHAPITRE X

DE L'ORGANISATION DE LA TUTELLE EN CAS DÉ DÉCHÉANCE DE LA PUISSANCE PATERNELLE

L'étude du premier chapitre de la loi du 24 juillet 1889 étant terminée, nous allons passer à celle du second qui a pour titre : *De l'organisation de la tutelle en cas de déchéance de la puissance paternelle.*

Il faut distinguer deux cas : ou bien la tutelle a été organisée par le jugement même qui prononce la déchéance, ou bien elle ne l'a été que par un jugement distinct et postérieur. Dans le premier cas, les enfants passent directement de la puissance de l'auteur déchu sous celle du tuteur qui leur est donné ; le second cas, au contraire, laisse subsister un intervalle pendant lequel nous devrons chercher sous quelle puissance les enfants se trouvent placés. Examinons la première hypothèse : le père a été frappé de déchéance, et par le même jugement le tribunal met ses enfants sous une autre protection. Quelle va être la nouvelle situation des mineurs ? Suivant les circonstances, quatre hypothèses sont possibles après la déchéance du père ; ou bien la mère reçoit les attributions de la puissance paternelle, ou bien il y a tutelle constituée dans les termes du droit commun, ou bien la tutelle est dévolue à l'Assistance Publique, ou bien enfin on accorde à un étranger la tutelle officieuse ; nous allons successivement examiner ces quatre situations.

Supposons le père frappé de déchéance sans que la mère soit elle-même déclarée déchue : cette mère avait auparavant des droits relevant de la puissance paternelle, et, comme elle n'est pas déchue, elle conservera ces droits qui sont, d'après l'art. 14, relatifs au consentement au mariage, à l'adoption, à la tutelle officieuse, et à l'émancipation ; ajoutons-y le droit de consentir à l'entrée d'un enfant dans les ordres sacrés ou dans une congrégation religieuse, et le droit de faire les déclarations de nationalité prévues par les articles 8 et suivants du Code civil, tels qu'ils sont rédigés par la loi du 26 juin 1889. Le tribunal peut décider de lui accorder en outre les droits de la puissance paternelle enlevés à son mari. La faculté pour le tribunal de ne pas accorder des droits à la mère a paru énorme à certaines personnes, mais M. Roussel, dans son rapport, a clairement justifié la liberté donnée aux tribunaux : « Dans les cas ordinaires, dit-il, après la disparition ou le prédécès du père, l'intérêt de l'enfant est généralement sauvegardé par la règle de la dévolution du droit à la mère, et l'on peut dire que c'est l'intérêt de l'enfant qui l'a dictée. Mais ne doit-on pas faire exception dans les cas qui nous occupent ? Il suffit de considérer dans quel milieu social, dans quelles conditions de moralité, se rencontrent la plupart des familles en vue desquelles la loi nouvelle est préparée, pour se convaincre que l'intérêt de l'enfant exigera le plus souvent cette exception. On doit remarquer, en effet, qu'alors même que la mère ne se serait pas personnellement rendue indigne d'exercer la puissance paternelle par une participation aux actes qui ont entraîné la déchéance du père, le fait seul de la vie commune, du contact de l'influence du père, est d'une telle importance que, si la mère était investie de droits sur l'enfant, les effets de la décision rendue contre le père seraient annulés ».

La mère peut donc être investie de la puissance paternelle par une sorte de droit d'accroissement, ou, comme on l'a dit, par un *jus non decrescendi ;* elle aura l'exercice des droits relatifs à la personne, tels que les droits de garde, d'éducation, et de correction, de l'usufruit légal des biens du mineur, et même de l'administration légale de ces biens. Mais la situation de la mère ainsi investie des droits enlevés au père peut être délicate : si elle reste soumise à l'autorité maritale, elle n'aura pas l'indépendance nécessaire dans l'exercice de ces droits ; si elle est mariée sous le régime de communauté, ce qui aura lieu le plus souvent — car les individus frappés de déchéance appartiennent presque toujours aux classes inférieures de la société, — le revenu des biens de l'enfant tombera dans la masse commune ;

aussi l'attribution à la mère des droits enlevés au père n'aura-t-elle guère lieu que lorsque cette mère sera à l'abri de l'influence de son mari, quand celui-ci aura été frappé d'une condamnation de longue durée, ou que cette mère sera divorcée ou tout au moins séparée de corps.

La femme non déchue peut n'être pas investie des droits qu'on a enlevés au père, mais elle reste néanmoins en possession d'une autorité considérable ; ses droits énumérés dans l'art. 14 sont relatifs au consentement au mariage, à l'adoption, à la tutelle officieuse, et à l'émancipation ; il semble, qu'à l'aide de ces droits, elle puisse annihiler l'autorité que le tribunal aura conférée aux tuteurs de droit commun ou à l'Assistance Publique ; toutefois on trouvera un remède à l'abus que la mère pourrait faire de son autorité, dans le droit reconnu aux tuteurs ou à l'Assistance Publique de poursuivre la nullité de l'émancipation qui n'aurait été prononcée que dans le but d'éluder la décision du tribunal.

Une question se pose sur laquelle la loi est absolument muette. Si le père contre lequel la déchéance a été prononcée vient à mourir, la femme non déchue, mais non investie des droits du père, a-t-elle le droit de prendre avec la tutelle légale le plein exercice des prérogatives que le Code civil reconnaît au survivant des père et mère ? Cette hypothèse avait été prévue par la Commission de la Chancellerie, dont le projet contenait un paragraphe 2 ainsi conçu : « Lorsque, par suite de la déchéance du père, un tuteur a été donné aux enfants, nonobstant l'existence de la mère, la mère a le droit, si le père vient à mourir, de convoquer le conseil de famille qui décide si la tutelle continuera de subsister, ou si cette tutelle appartiendra à la mère selon le droit commun ». Ce projet était du reste conforme aux principes du Code civil ; en effet, les droits de la puissance paternelle appartiennent à la mère comme au père, seulement ce dernier seul en a l'exercice ; s'il est frappé de déchéance, et que le tribunal n'investisse pas la mère des droits enlevés au père, les droits de celle-ci n'en existent pas moins ; mais le père étant vivant, sa présence constitue un obstacle à ce que la mère puisse les exercer ; si le père vient à mourir, l'obstacle disparaît, la tutelle organisée en vertu des art. 10 et suivants prend fin, et la mère recouvre, avec la tutelle légale, le plein exercice des prérogatives que le Code civil reconnaît au survivant des père et mère. Telle est, à notre avis, la solution qu'il faut donner à la question : c'est pourquoi le tribunal, quand il constatera l'indignité des père et mère, devra prononcer la déchéance contre les deux, si ce n'est dans un intérêt présent, du moins en prévision de l'avenir.

La loi prévoit dans l'art. 9 un cas spécial où la mère sera investie des droits de la puissance paternelle ; c'est quand un homme déjà frappé de déchéance convole en secondes noces : la déchéance, étant absolue, doit s'étendre aux enfants à naître de ce nouveau mariage ; aussi la loi permet-elle à la nouvelle épouse de demander au tribunal de lui accorder la puissance paternelle sur ses enfants.

La mère peut donc être investie des droits que le jugement de déchéance a enlevés au père, mais cette dévolution n'aura guère lieu que dans les cas rares où elle
n'aura pas à subir l'influence du mari ; le tribunal orga-
nisera la tutelle conformément au droit commun, dans
le cas où la mère n'en aura pas été investie, ou lorsqu'elle
aura été elle-même frappée de déchéance, ou enfin lorsqu'elle sera prédécédée ; il faut d'ailleurs que cette tutelle soit possible, et que l'Assistance Publique ne soit pas
la dernière ressource à laquelle on doive recourir. Cette
tutelle devra être constituée toutes les fois que l'enfant
trouvera dans sa famille une protection efficace ; c'est
dans le but de savoir si le Conseil de famille offrira des
garanties, que l'enquête préliminaire a été faite et les parents renvoyés en chambre du conseil ; malheureusement
la déchéance sera surtout prononcée contre des individus
appartenant à la classe pauvre, chez lesquels les liens de
famille sont moins respectés, de telle sorte que la tutelle
conformément au droit commun ne sera que rarement
organisée. Si cependant il y avait lieu à cette tutelle, dans
quelle catégorie la classera-t-on ? Il ne peut être question de tutelle testamentaire, pas plus que de la tutelle
légitime du survivant des père et mère, ni de la tutelle
déférée par eux ; la tutelle légitime des ascendants doit,
elle aussi, être écartée, car elle ne peut s'ouvrir, d'après
l'art. 402 du Code civil, qu'après la mort des père et
mère ; il reste donc la tutelle dative déférée par le conseil
de famille.

Cette tutelle est organisée conformément au droit commun ; le juge de paix réunit le conseil de famille qui nomme le tuteur : cette nomination n'appartient pas au tribunal comme le disent certains jugements (Pithiviers, 12 février 1890) ; tout au plus le tribunal pourrait-il désigner quelqu'un qui lui semblerait réunir les conditions désirables (Seine, 25 juin 1890).

La tutelle ainsi constituée offre certaines différences avec la tutelle ordinaire : d'abord le tuteur nommé n'est pas forcé d'accepter cette charge, car le jugement de déchéance n'a pas le caractère fatal de la mort. La loi ne fixant aucun délai pour faire connaître le refus d'accepter la tutelle, on doit en conclure, à notre avis, qu'un tuteur pourrait se démettre de ses fonctions après les avoir exercées, car il n'y a aucune raison pour le traiter moins favorablement que celui qui, dès le premier jour, a refusé cette charge. Dans le cas de mort ou de destitution du tuteur, le conseil de famille doit-il nommer un nouveau tuteur datif, ou bien le tribunal doit-il intervenir de nouveau ? A notre avis, la tutelle que le tribunal a voulu organiser n'existant plus, la situation est redevenue ce qu'elle était à l'époque du jugement de déchéance, c'est-à-dire que le tribunal devra décider de nouveau s'il y a lieu à une tutelle de droit commun ou à une tutelle administrative.

Une seconde différence entre la tutelle ordinaire et la tutelle établie par la loi de 1889, c'est que cette dernière n'entraîne pas forcément hypothèque légale ; cette hypothèque n'existera que si le mineur possède des biens ou est appelé à en recueillir ; ce sera au tribunal à en prononcer l'existence, et à déterminer jusqu'à concurrence de quelle somme ; mais cette hypothèque quoiqu'émanant d'une décision judiciaire est une véritable hypothèque légale, avec toutes les dispositions relatives à ce genre d'hypothèques ; elle est générale ou spéciale quant aux immeubles qu'elle frappe, mais elle doit toujours être limitée par la somme qu'elle garantit.

Quant à son rang, nous dirons qu'elle existe, indépendamment de toute inscription, à dater du jour où commence la responsabilité du tuteur, mais elle ne sera colloquée qu'à la date de son inscription, si elle n'a pas été inscrite dans l'année qui suit la majorité du pupille (art. 8, loi du 23 mars 1855). Toutefois cette dernière proposition est controversée.

Il peut arriver que l'organisation de la tutelle de droit commun soit impossible ; la famille du mineur peut n'offrir que peu de garanties de moralité et de dévouement ; c'est ce qui aura lieu quand les proches parents du mineur seront des gens d'humble condition qui n'auront ni assez de ressources ni assez d'instruction ; et ce sera le cas le plus fréquent, les gens frappés de déchéance appartenant la plupart du temps à un milieu social peu élevé. Dans ces circonstances, le tribunal devra confier à l'Assistance publique la tutelle des enfants en vue desquels le jugement de déchéance est intervenu ; c'est cette sorte de tutelle qui est le plus souvent constituée dans les jugements.

Toutefois, une théorie prétend que cette délation de la tutelle n'est pas indispensable, que la tutelle de l'Assistance Publique est de droit, c'est-à-dire que si le jugement qui prononce la déchéance n'organise pas la tutelle, à partir du moment de la prononciation de la déchéance l'Assistance Publique est tutrice de plein droit, jusqu'au moment où un nouveau jugement s'occupera de cette question. Il en serait de même dans les cas où la déchéance a lieu de plein droit quand la tutelle n'est pas organisée. Cette théorie ne ressort pas à première vue du texte de la loi de 1889, mais elle a été néanmoins dans l'intention du législateur et nous ne pouvons mieux faire que de reproduire ce que dit dans son rapport adressé au comité de défense des enfants traduits en Justice, M. Brueyre, représentant de l'Assistance publique dans la commission extra-parlementaire qui a préparé la loi de 1889 au Ministère de la Justice : « Nous avons à examiner, dit cet auteur, quelle serait la situation de l'enfant qui ne serait plus soumis à l'autorité du père déchu, durant l'intervalle qui s'écoulera entre la prononciation de la déchéance et la décision de la juridiction compétente, ou même si le ministère public omettait de la saisir, ou enfin si cette juridiction ne se prononçait pas. Or, sur ce point, les travaux préparatoires de la loi démontrent la volonté du législateur de ne plus retomber dans la faute des rédacteurs de l'art. 335 du Code pénal et de la loi de 1874 sur les professions ambulantes, et de ne pas permettre que l'enfant puisse rester en aucun cas sans tutelle. Dès lors, du moment où la déchéance est prononcée et que le jugement a fait de l'enfant un orphelin à l'état d'abandon, *ipso facto*, l'Assistance Publique en devient la tutrice en vertu de l'art. 11 et surérogatoirement de la loi du 15 Pluviose an XIII.

« L'Assistance publique est tutrice à titre définitif si le jugement lui a conféré la tutelle ; elle l'est aussi si la juridiction compétente n'est pas saisie par le ministère public ou si cette dernière ne se prononce pas ; elle l'est à titre précaire, pendant la durée de l'intervalle entre la prononciation de la déchéance et la décision de la juridiction civile ; elle cesse de l'être si cette juridiction a organisé la tutelle dans d'autres conditions ».

L'esprit de la loi a donc été que l'enfant ne restât pas sans tutelle, et c'est pourquoi la tutelle de droit de l'Assistance publique existera quand le tribunal n'en aura pas organisé d'autre, mais cette tutelle administrative est en ce cas toujours incertaine, aussi l'art. 9 paragraphe 1er invite-t-il le ministère public et les membres de la famille à saisir le tribunal compétent sans délai. Cette question de la tutelle provisoire de l'Assistance Publique n'a donné lieu à aucun monument de jurisprudence et les tribunaux sont muets sur la question.

L'Assistance Publique exercera en principe la tutelle des enfants de parents déchus de la même façon que la tutelle des enfants abandonnés ; il y a cependant deux différences : d'abord les parents conservent divers droits (art. 14) sur ces enfants, même après la déchéance du père ou de la mère, ensuite, en province, le tuteur des enfants de parents déchus confiés à l'Assistance Publique est l'inspecteur des enfants assistés du département, tandis que le tuteur des enfants abandonnés est un des membres de la commission administrative de l'hospice qui les a recueillis.

Une question se présente, analogue à une autre que nous avons résolue : dans le cas de mort du père et de la mère déchus, la tutelle de l'Assistance Publique doit-elle cesser et faire place à la tutelle de droit commun ? Nous avons décidé, qu'après la mort du père frappé de déchéance, la tutelle constituée devait prendre fin devant les droits préexistants de la mère, devons-nous donner ici une solution analogue ? Nous répondrons par la négative : dans la première espèce, nous avons vu que la mère avait des droits préexistants qui s'exerçaient en toute liberté à la mort du père ; dans le cas prévu ici, au contraire, il n'y a aucun droit latent et éventuel ; le conseil de famille n'aurait eu des pouvoirs à la mort du père et de la mère déchus que si l'enfant avait été sans protection ; or, tel n'était pas le cas puisque le tribunal l'avait mis sous la tutelle de l'Assistance Publique ; il nous faut donc décider que cette tutelle est définitive, et que la mort du père et de la mère n'y porte aucune atteinte.

L'enfant de parents déchus peut être soumis à une

puissance nouvelle et différente de celles que nous avons examinées jusqu'ici ; dans le but de faire bénéficier le mineur des avantages de l'éducation individuelle toujours préférable, sous certains rapports du moins, à l'éducation collective, le législateur de 1889 a voulu permettre aux personnes qui s'intéressaient à ce mineur d'en demander la garde, à charge de l'élever gratuitement, et a ainsi créé une tutelle officieuse différente de celle du Code civil.

Celui qui prétend à cette tutelle peut la demander à deux époques distinctes : pendant l'instance en déchéance, ou bien après avoir reçu l'enfant de l'Assistance Publique et l'avoir gardé chez lui pendant trois ans. Nous allons examiner successivement ces deux cas : dans la première hypothèse, celui qui aspire à la tutelle officieuse présente sa requête au tribunal saisi de la demande en déchéance, qui recueille les renseignements, prend, s'il y a lieu, l'avis du conseil de famille, et délibère en chambre du conseil. La requête doit déclarer que le requérant se soumet aux obligations de l'art. 364 paragraphe 2 du Code civil, c'est-à-dire qu'il s'engage à nourrir le pupille, à l'élever, et à le mettre en état de gagner sa vie.

La tutelle officieuse du Code civil a eu pour but de préparer l'adoption ; c'est un acte juridique par lequel une personne, en se soumettant aux obligations qu'impose la tutelle ordinaire, contracte en outre envers le pupille celle de le nourrir à ses frais, et de le mettre gratuitement en état de gagner sa vie. Mais cette institution est restée, suivant l'expression de Duranton, un objet de luxe dans nos lois. La tutelle officieuse de la loi de 1889 n'a pas pour but de préparer l'adoption, mais a en vue simplement de faire bénéficier le mineur de soins particuliers et individuels, et de le mettre mieux à même de gagner sa vie ; aussi la loi de 1889 a-t-elle établi des conditions moins rigoureuses pour cette tutelle que ne l'avait fait le Code civil : ainsi le tuteur peut avoir moins de cinquante ans, il peut avoir des enfants ou descendants légitimes ; mais il semble nécessaire qu'il ait le consentement de son conjoint, car autrement, la présence de cet enfant dans le ménage pourrait être une cause de discorde ; il faut en outre que le futur tuteur officieux ait la capacité nécessaire pour être tuteur, toutefois les femmes qui ne peuvent exercer la tutelle ordinaire peuvent exercer la tutelle officieuse.

De la part du mineur les conditions sont également moins rigoureuses que pour la tutelle officieuse du Code civil ; il peut être âgé de plus de quinze ans, mais ne doit être soumis à aucune autre tutelle officieuse ; le consentement exigé par le Code civil n'est plus nécessaire sous la loi de 1889, et l'art. 13 prévoit l'intervention du futur tuteur officieux, mais non celle des parents ; en outre, l'avis du conseil de famille n'est que facultatif ; cela s'explique si l'on réfléchit que la tutelle officieuse de la loi nouvelle a pour but de permettre à l'enfant d'avoir une meilleure éducation, et qu'elle n'est pas le résultat d'un simple contrat passé devant le juge de paix, mais d'un jugement rendu par le tribunal, ce qui garantit l'accomplissement des conditions exigées par la loi.

Nous avons examiné les caractères de la tutelle officieuse, recherchons maintenant quels sont les devoirs et les charges du tuteur. Sa première obligation est de nourrir le pupille, de l'élever, et de le mettre en état de gagner sa vie. Mais la loi ne contient pas de sanction à ce devoir, et comme on a eu pour but en écartant certaines formalités d'encourager les personnes charitables à user de cette tutelle, il semble difficile d'appliquer par analogie dans le silence de la loi, l'art. 369 du Code civil d'après lequel le mineur, qui n'est pas adopté et auquel on n'a pas donné les moyens de gagner sa vie, a le droit de demander une indemnité à son tuteur. Ce recours contre le tuteur aurait pour résultat d'éloigner, contre le but de la loi, les personnes charitables de la tutelle officieuse, et cela suffit pour rejeter l'application de l'art. 369 du Code civil ; la même raison augmentée de l'argument d'analogie tiré de l'art. 10 nous fera dire que les biens du tuteur ne sont pas grevés d'hypothèque.

Le tuteur officieux a en outre l'administration des biens du pupille, mais sans pouvoir imputer les frais d'éducation sur les revenus de celui-ci ; comme conséquence de cette administration, nous trouvons l'obligation de rendre des comptes à la cessation de la tutelle. Quant à la puissance paternelle, le tuteur officieux l'exerce comme un tuteur ordinaire, c'est-à-dire que s'il veut user de la correction il adressera sa plainte au conseil de famille de droit commun. Quant au droit de consentement au mariage et au droit d'émancipation, ils sont dévolus en cas de déchéance, conformément au droit commun, aux personnes qui les exerceraient si les parents, frappés de déchéance, étaient décédés. Le tuteur officieux n'a donc jamais le droit de consentement au mariage qui est exercé, suivant le cas, par la mère, par les ascendants, ou par le conseil de famille; quant au droit d'émancipation, il appartient à la mère tant qu'elle est vivante et maîtresse de ses droits; à son défaut, le tuteur officieux a seulement le pouvoir de requérir la convocation du conseil de famille, pour qu'il soit délibéré sur cette question. Du reste, ce Conseil devra être consulté par le tuteur officieux dans tous les cas où la loi soumet le tuteur, pour des actes de son administration, à la surveillance ou à l'approbation du conseil de famille.

Le tuteur officieux a rempli ses obligations, lorsqu'après avoir nourri et élevé gratuitement son pupille, il l'a mis à même de gagner sa vie; il n'est pas tenu de l'adopter, et ses héritiers ne doivent rien à l'enfant si le tuteur meurt avant que le pupille soit en état de subvenir à ses besoins par son travail. Le tuteur officieux du Code civil, cinq ans après l'établissement de la tutelle, a le droit, s'il ne laisse pas d'enfants légitimes, d'adopter son pupille par testament; en est-il de même dans la tutelle officieuse établie par la loi de 1889? Suivant certains auteurs, cette adoption testamentaire est tellement en dehors des lois ordinaires qu'on ne peut l'étendre par analogie, ce n'est pas notre avis : la loi de 1889 a pour but la protection de l'enfant ; or, n'est-ce pas là un bienfait que cette adoption qui en fera l'héritier du tuteur ? L'esprit de la loi de 1889 est de favoriser la tutelle officieuse, et non d'en entraver les conséquences bienfaisantes.

Dans le cas de décès du tuteur, la loi renvoie aux art. 11 et 12, et semble, par suite, déclarer que la seule tutelle dès lors possible soit celle de l'Assistance Publique, ce qui paraît sage, car le pupille sera désormais sous une seule et même tutelle.

La loi de 1889 prévoit un second cas de tutelle officieuse dans le paragraphe 5 de son art. 13 : « Lorsque l'enfant aura été placé par les administrations hospitalières ou par le Directeur de l'Assistance publique de Paris chez un particulier, ce dernier peut, après trois ans, s'adresser au tribunal, et demander que l'enfant lui demeure confié dans les conditions prévues aux dispositions qui précèdent ». Cette tutelle officieuse analogue à celle précédemment étudiée en diffère néanmoins par quelques côtés. Ainsi le tribunal compétent pour établir cette tutelle sera celui du domicile du tuteur ; en outre, les droits du tuteur dépendent de la question de savoir quelle était l'étendue des droits de l'Assistance Publique sur cet enfant, car, en cas de contrat judiciaire, il est possible qu'une partie des droits de la puissance paterternelle ait été retenue par les père et mère. Si ceux-ci ne se sont rien réservé, le tuteur devra s'adresser à l'Assistance Publique pour tous les actes où, en cas ordinaire, le conseil de famille doit intervenir, comme les actes de disposition ou d'administration des biens, par exemple.

Telle est la tutelle officieuse organisée par la loi de 1889 ; sera-t-elle plus pratiquée que celle édictée par le Code civil ? Nous le souhaitons sans oser l'espérer.

Nous avons étudié les différentes espèces de protecteurs que la loi de 1889 donne au mineur dans le cas de déchéance de la puissance paternelle ; nous allons, avant de passer à l'étude du Chapitre III, dire quelques mots de certaines dispositions spéciales de la loi.

Comme la déchéance ne peut être un avantage pour les parents, le tribunal, en prononçant sur la tutelle, fixera le montant de la pension qui devra être payée par les père, mère, et ascendants, auxquels des aliments peuvent être réclamés, ou déclarera, qu'à raison de l'indigence des parents, il ne peut être exigé aucune pension. Cette pension pourra être réclamée à la mère même si l'exercice de la puissance paternelle ne lui est pas attribué, mais elle ne pourra être due par un ascendant du vivant des père et mère, à notre avis du moins. L'Assistance Publique, comme le tuteur de droit commun, pourra réclamer cette pension, mais le tuteur officieux ne le pourra pas ; c'est ce qu'on peut déduire, d'abord du caractère de la tutelle qui oblige le tuteur à élever le mineur à ses frais, et ensuite de la place de l'art. 12, qui établit cette pension, et qui est inscrit après l'article réglant la tutelle de droit commun et avant l'article s'occupant de la tutelle officieuse.

L'art. 14 parle de certains droits qui n'appartiendront pas toujours au conseil de famille ni au tuteur ; ce sont les droits de consentement au mariage, à l'adoption, à la tutelle officieuse, et à l'émancipation. Dans le cas où le père est frappé de déchéance, ces droits appartiennent à la mère, même si le tribunal ne l'investit pas des droits enlevés au père ; et si la mère est prédécédée ou frappée également de déchéance, ces droits sont exercés par les personnes qui les exerceraient si les père et mère étaient décédés. Ainsi le père ou la mère étant déchu, l'autre époux sera seul appelé à consentir au mariage des enfants, à leur adoption, à leur tutelle officieuse et à leur émancipation. Ce sera seulement lorsque les deux époux seront déchus, ou l'un déchu et l'autre décédé ou incapable, que les consentements pourront être donnés quant au mariage par les aïeuls et aïeules, quant à la tutelle officieuse et à l'émancipation par le conseil de famille ; en ce qui touche l'adoption aucun consentement ne sera nécessaire.

CHAPITRE XI

DE LA RESTITUTION DE LA PUISSANCE PATERNELLE

Nous avons vu comment la loi de 1889 protégeait l'enfant maltraité ou moralement abandonné en frappant les père et mère de déchéance, et en organisant une tutelle ; mais le législateur a pensé que le coupable pouvait s'amender, que le père déchu pouvait revenir à des sentiments meilleurs ; aussi lui a-t-il permis, sous certaines conditions, de recouvrer la puissance que les tribunaux lui avaient enlevée. Toutefois cette question de savoir si la déchéance serait ou non irrémissible avait divisé les auteurs de la loi ; certains d'entre eux s'appuyaient sur l'intérêt de l'enfant qui consiste à recevoir une éducation stable, exempte de changement de tutelle et de direction ; la déchéance, disaient-ils, n'est pas une peine, mais un redressement civil ; pourquoi revenir sur ce redressment par des considérations empruntées à la loi pénale. Cependant cette opinion n'a pas prévalu ; on a voulu laisser au coupable l'espérance de recouvrer la puissance paternelle le jour où il en serait redevenu digne.

La restitution de la puissance paternelle ne peut être
accordée que sur une demande en justice, mais deux cas
sont à considérer, suivant que la déchéance a été prononcée, ou non, à la suite d'une condamnation encourue
par le père. Dans le premier cas, prévu par l'art. 1er et
les quatre premiers paragraphes de l'art. 2, la condition
nécessaire pour obtenir la restitution de la puissance
paternelle est d'être réhabilité, au sens pénal du mot ;
tandis que dans le second cas, prévu par les deux derniers paragraphes de l'art. 2, la condition nécessaire est
qu'il se soit écoulé trois ans entre le jour où le jugement
de déchéance est devenu inattaquable et le jour de la
demande en restitution ; de telle sorte qu'il peut arriver
que, dans le premier cas, le délai entre le jugement de
déchéance et la demande en restitution soit moindre que
trois ans. En effet, supposons que la condamnation, qui
est la cause de la déchéance, soit une condamnation à
une amende, et que le jugement qui prononce la déchéance ne soit rendu que deux ans après que le premier
est devenu définitif ; le condamné pourra se faire réhabiliter trois ans après que le premier jugement a été
rendu, et demander immédiatement qu'on lui restitue la
puissance paternelle, de telle sorte que cette demande
en restitution aura lieu un an après le jugement prononçant la déchéance, tandis que, dans le cas des paragraphes
5 et 6 de l'art. 2, le délai entre le jugement prononçant
la déchéance et la demande en restitution sera toujours
de trois ans. Rappelons comme historique de la question

que le projet primitif établissait que la réhabilitation prononcée d'après les conditions du Code pénal faisait de plein droit cesser la déchéance, mais le Conseil d'Etat rejeta cette proposition, car comme dit M. Courcelle-Seneuil : « Il considère que la déchéance du condamné, n'étant pas la conséquence accessoire de la peine, ne pouvait être effacée par la réhabilitation, dont l'effet était simplement de replacer le réhabilité dans le droit commun en effaçant la condamnation dont il avait été l'objet ».

Nous avons vu que, quoiqu'on accordât au condamné le bénéfice de la loi du 26 mars 1891, il était de plein droit frappé de déchéance dans les cas de l'art. 1er de la loi de 1889, et que, dans le cas de l'art. 2, le tribunal pouvait prononcer cette déchéance. Mais qu'arrivera-t-il si la condition suspensive s'accomplit, si cinq ans se passent sans que le condamné ait encouru une condamnation à l'emprisonnement ou à une peine plus grave ? Si nous consultons les travaux préparatoires et la pensée du législateur de 1891, nous voyons que l'accomplissement de la condition qui rend la condamnation comme non avenue, doit être considéré comme une *réhabilitation de droit*. Or, nous savons que, si la réhabilitation est nécessaire, elle n'est pas suffisante : il faut en outre que le tribunal juge le père déchu digne d'être restitué dans sa puissance paternelle ; donc l'accomplissement de la condition, dans le cas de la loi de 1891, ne suffit pas pour rendre au père ses pouvoirs.

Le père frappé de déchéance saisit le tribunal compétent, et nous nous sommes déjà expliqués sur cette compétence ; la demande est faite sous forme de requête,
elle est dirigée contre le tuteur, qui doit présenter les
observations nécessaires tant en son nom qu'en celui de
son pupille, et il faut entendre par tuteur non seulement le tuteur de droit commun, mais aussi la mère investie des droits de la puissance paternelle. Une fois la
demande formée, sur le rapport d'un juge commis, et
après avoir entendu le ministère public, le tribunal rend
un premier jugement convoquant le conseil de famille.
Pourrait-il rejéter la demande *de plano* ? Il nous semble
que oui, car la jurisprudence admet cette solution pour
la demande en main-levée d'interdiction, et d'autre part
la convocation du conseil de famille est obligatoire, mais
seulement pour prononcer la restitution de la puissance
paternelle. Si le tribunal admet qu'il y a lieu de poursuivre la procédure, le jugement et la requête introduc-
tive sont signifiés au tuteur. Le conseil de famille composé d'après le droit commun, même quand l'enfant est
sous la tutelle de l'Assistance, est réuni en chambre du
conseil ; le demandeur est interrogé et le tuteur entendu, toujours en chambre du conseil ; puis viennent
les plaidoiries et les conclusions du ministère public ;
enfin le jugement est rendu en audience publique.
Comme on le voit, la procédure est la même que celle de
la demande en déchéance, avec cette double différence que
l'enquête du parquet n'est pas nécessaire, car la loi ne

renvoie pas au premier paragraphe de l'art. 2, et que
l'avis du conseil de famille est au contraire obligatoire.
Les voies de recours sont l'opposition et l'appel ; quant
à ce dernier, une controverse s'élève pour savoir si le
ministère public a qualité pour l'interjeter. La jurisprudence lui reconnaît ce droit en matière de main-
levée d'interdiction, mais il faut, à notre avis, le lui refuser dans l'espèce, parce que dans le premier cas le
ministère public est considéré comme le contradicteur
légitime, tandis que, dans le second, la loi a formellement reconnu le tuteur comme jouant ce même rôle.

Le tribunal peut, soit admettre la demande en restitution de puissance paternelle, soit la rejeter. Dans le premier cas le père restitué reprend, à l'égard de ses enfants
mineurs, les droits de garde, d'éducation et de correction,
et, quant à leurs biens, les droits d'administration et de
jouissance légale ; à l'égard de ses enfants majeurs il recouvre tous les droits relatifs au mariage, à l'adoption,
etc., mais à charge, dans tous les cas, de respecter tous
les actes légalement et régulièrement accomplis pendant
son incapacité.

Si le tribunal rejette la demande en restitution, le demandeur ne peut plus jamais en former une nouvelle :
le projet primitif admettait la possibilité de former une
nouvelle demande après deux ans, mais le Conseil d'Etat
a fait repousser cette solution dans la crainte de voir
l'état des mineurs en tutelle toujours sous la menace
d'un procès ; il semble bien dur de fermer à jamais la

porte à une demande qui peut être justifiée par le repentir des parents ; les mansuétudes du texte primitif nous paraissent préférables à la rigueur juridique de celui du Conseil d'Etat ; cependant, comme on l'a vu, cette opinion n'a pas été admise, et la rédaction du Conseil d'Etat a été maintenue. Une exception est faite par la loi : « la demande qui aura été rejetée, dit l'art. 16, ne pourra plus être réintroduite, si ce n'est par la mère après la dissolution du mariage ». Le texte de la loi est peu clair, et voici, à notre avis, l'hypothèse prévue : les deux époux ont été frappés de déchéance au cours du mariage et ont formé une demande en restitution qui a été repoussée. La femme aurait alors le droit, après la dissolution du mariage, de former une nouvelle demande en restitution, car il se peut, qu'au moment de la première, la femme fût digne d'indulgence, mais que le tribunal ait refusé de lui rendre la puissance paternelle dans la crainte de lui voir alors partager l'exercice de cette puissance avec son mari. Si, après la dissolution du mariage, cette femme peut introduire une seconde demande en restitution, il est bien entendu qu'elle ne peut en former une autre après le rejet de cette seconde demande.

Nous avons terminé l'examen du titre 1ᵉʳ ; le but que s'est proposé le législateur de secourir les enfants maltraités et moralement abandonnés était des plus élevés, mais a-t-il complétement été atteint ? la loi est-elle complète ? offre-t-elle la simplicité et la clarté qui font les bonnes lois ? Ce sont autant de questions que nous devons résoudre, mais à l'examen desquelles nous ne nous consacrerons qu'après avoir, le plus rapidement et le plus sinccintement possible, exposé le titre II, qui en réalité forme une loi distincte, mais que son but, analogue à celui du titre I, de protection de l'enfance, nous oblige à résumer.

CHAPITRE XII

DE LA PROTÉCTION DES MINEURS PLACÉS AVEC OU SANS
L'INTERVENTION DES PARENTS

Dès 1880 le département de la Seine avait, sans attendre
la loi, créé un service pour les enfants moralement abandonnés ; en 1883 le département de la Seine-Inférieure
suivait cet exemple, mais les lois ne prévoyaient pas cette
sorte d'abandon, et les parents, toujours disposés à se
débarrasser de leurs enfants dans la période du premier
âge, s'empressaient, dès que ceux-ci pouvaient leur être
utiles ou gagner quelque salaire, de les réclamer au nom
de la puissance paternelle, et, comme nous l'avons vu
dans les préliminaires de ce travail, on était obligé de les
leur rendre. Le titre II de la loi de 1889 eut justement
pour double but de mettre un frein à ces retraits intempes-
tifs, et d'assurer la protection de l'Etat à tous ces malheureux enfants.

Lors de la discussion de la loi, deux théories contraires
se sont élevées : la première permettait aux particuliers
et aux établissements privés de se faire remettre la puis-

sance paternelle sur les enfants par eux recueillis, la seconde, au contraire, n'accordait ce droit qu'à l'Etat seul. L'opinion qui triompha fut une opinion mixte ; on accorda à l'Etat seul la puissance paternelle, mais on permit aux particuliers et aux établissements privés de se faire déléguer sur les enfants dont ils avaient la charge, l'exercice de tout, ou partie, des droits de cette puissance. Tel est le système consacré par la loi de 1889 à l'égard de tous les enfants placés, qu'ils aient été recueillis à la demande des parents ou en dehors de leur intervention. Il nous faut maintenant étudier chacune de ces deux situations.

Lorsque des parents consentent à abandonner à des particuliers, ou à des associations de bienfaisance, la garde de leurs enfants, les parties intéressées peuvent saisir le tribunal du domicile des parents ou du tuteur, s'il y a une tutelle, pour que celui-ci puisse décider qu'il y a lieu, dans l'intérêt de l'enfant, de déléguer à l'Assistance Publique les droits de puissance paternelle abandonnés par les parents, et de remettre l'exercice de ces droits à l'établissement ou au particulier gardien de l'enfant. Les parents sont toujours libres de confier leurs enfants à qui bon leur semble, mais pour qu'il y ait translation des droits de la puissance paternelle, il faut qu'on rencontre les conditions exigées par la loi, et que nous allons examiner.

Il faut, pour pouvoir bénéficier des dispositions de l'art. 17, que les particuliers, auxquels on confie l'enfant, jouissent de leurs droits civils ; quant aux administrations d'assistance publique, et on entend par là les établissements hospitaliers publics, hospices, asiles, bureaux de bienfaisance, mais avant tout les services d'Enfants Assistés, car en fait il ne peut guère s'en présenter d'autres, aucune condition n'est exigée d'eux ; c'est la différence qui existe entre eux et les associations privées de bienfaisance, qui ne peuvent se faire attribuer aucun droit de puissance paternelle tant qu'elles n'ont pas obtenu du ministre de l'Intérieur une autorisation spéciale à cet effet. Ce sera au particulier, ou à l'association de bienfaisance, à établir sa qualité pour agir comme demandeur, pour que le tribunal puisse se prononcer. En outre, le tribunal ne devra imposer à l'établissement ou au père demandeur des conditions que l'un ou l'autre aurait refusé d'accepter ; il est saisi d'une demande déterminée et ne peut statuer au-delà ; d'autre part, il ne doit statuer que sur les conventions intervenues entre le père et celui qui recueille l'enfant ; ceux-ci sont libres d'arrêter, relativement aux droits de puissance, les conventions qui leur conviennent, et le tribunal ne peut les changer. Du reste, rien n'oblige le tribunal à accepter la demande ; il doit examiner l'intérêt de l'enfant, et, s'il croit l'établissement hospitalier mal organisé pour pouvoir l'élever, si le particulier ne lui paraît pas offrir les garanties suffisantes, il doit rejeter la demande purement et simplement.

Toutes les fois que les parents auront abandonné tous ou

quelques-uns de leurs droits, c'est l'Assistance Publique
qui en est la délégataire, les établissements ou particuliers qui ont recueilli l'enfant ne peuvent se faire remettre que l'exercice de ces droits, et cette distinction n'est
pas purement théorique ; c'est en raison de la puissance
paternelle qui lui est dévolue, que l'Assistance Publique
aura une surveillance constante à exercer sur les gardiens
des enfants.

Cette répartition de la puissance paternelle entre trois
personnes est une des différences entre le titre II et le
titre I ; ce n'est pas la seule du reste, car dans le titre II
il n'est pas question de déchéance mais de cession des
droits, c'est pourquoi les parents eussent-ils abandonné
leur puissance paternelle tout entière sur un enfant,
conservent leurs droits sur leurs autres enfants nés ou à
naître.

Le père peut céder ses droits de puissance paternelle
malgré la volonté contraire de la mère, car pendant le
mariage l'exercice de cette puissance n'appartient qu'à
lui, mais la mère, si elle n'en a pas l'exercice, a cependant une part de cette puissance ; aussi faut-il déclarer
que l'abandon fait par le père seul ne peut préjudicier à
la mère qui conservera sa puissance intacte. L'art. 17
prévoit aussi le placement des pupilles par leurs tuteurs,
mais il est évident que ceux-ci ne peuvent céder que
leurs droits de tutelle.

De la part des enfants, la loi exige une seule condition,
c'est qu'ils soient mineurs de seize ans, car le législateur

a pensé qu'au-dessus de cet âge il n'était pas utile de
placer les mineurs sous l'autorité de personnes étrangères ;
il faut conclure également du texte de la loi, que si
un établissement a recueilli un mineur de seize ans il ne
pourra, lorsque cet enfant aura dépassé cet âge, se
faire attribuer des droits de puissance paternelle.

L'abandon, par les parents, de leurs droits doit être
spontané de leur part, mais l'acte qu'ils signent à cet effet devant le directeur de l'établissement public ou privé,
ne devient valable que si le tribunal rend un jugement
conforme ; jusque-là les parents peuvent revenir sur leur
décision première (Tribunal Seine, 9 juillet 1890) ; le jugement rendu fait le dessaisissement définif : toutefois nous
admettrons que les parents, d'accord avec l'établissement
gardien, peuvent mettre en cause l'Assistance Publique
afin d'obtenir du tribunal un nouveau jugement pour
modifier, dans l'intérêt de l'enfant, le règlement primitif
de leurs droits.

Les parents sont libres de se réserver, dans l'acte de
cession, tous les droits qu'ils jugent convenables ; toutefois il en est un qu'ils ne peuvent se réserver entièrement. L'art. 17 dit en effet dans son dernier paragraphe : « Si les parents, ayant conservé le droit de consentement au mariage d'un de leurs enfants, refusent de
consentir au mariage en vertu de l'art. 148 du Code civil,
l'Assistance Publique peut les faire citer devant le tribunal qui donne ou refuse le consentement, les parents entendus ou dûment appelés dans la chambre du conseil. »

Le législateur a craint que les parents ne cherchassent à se faire payer leur consentement ; mais on ne comprend pas qu'une disposition analogue n'ait pas été prise pour le consentement à l'adoption.

La procédure mise en œuvre pour arriver au jugement de dessaisissement est la suivante : dès que l'établissement et les parents se sont mis d'accord, ils présentent conjointement au tribunal une requête ; les parents déclarent qu'il désirent confier leur enfant à l'établissement, et abandonner tels droits de la puissance paternelle qu'ils énumèrent, l'établissement déclarant qu'il accepte la charge de l'enfant, à condition que l'exercice des droits abandonnés par les parents lui soit remis. Cette requête doit être introduite par un avoué, puisque la loi n'en porte pas dispense, et doit être signée des deux parties, pour qu'on soit sûr que l'accord existe entre elles. Le tribunal fixera le jour, et convoquera les parties et le représentant de l'Assistance Publique ; cette convocation sera faite soit par l'intermédiaire du Parquet, soit par lettres recommandées du greffier. Les parties comparaîtront en personne ainsi que le représentant de l'Assistance Publique en chambre du conseil, où l'affaire est examinée par le tribunal, le ministère public entendu, le jugement sera enfin rendu en audience publique. Les seuls frais de cette procédure sont ceux d'avoués et d'enregistrement de la minute du jugement ; car la loi dispense la requête du timbre et de l'enregistrement, et nous avons vu que la procédure suivie ne comportait aucune assignation.

Toutefois l'administration de l'Assistance Publique a encore trouvé ces frais trop élevés, et pour arriver à ses fins, elle met en œuvre une procédure absolument étrangère à celle établie par la loi de 1889.

A côté de ces enfants confiés par leurs parents eux-mêmes à l'Assistance Publique ou à des établissements privés, il en est d'autres plus intéressants encore et dont il fallait s'occuper : ce sont les abandonnés, les vagabonds que leurs parents laissent courir sans s'en occuper, et susceptibles de tomber entre les mains de personnes qui peuvent les exploiter sans miséricorde. Le législateur de 1889 a étendu sa protection à ces malheureux en faisant tomber de plein droit, sous la protection de l'Etat, tous les enfants qui cessent d'être soumis efficacement à la puissance paternelle. La conséquence de ce principe c'est que les administrations d'assistance publique, les associations de bienfaisance régulièrement autorisées à cet effet, les simples particuliers jouissant de leurs droits civils, devront faire dans les trois jours, au maire de la commune, ou à Paris au commissaire de police, la déclaration qu'ils ont recueilli un mineur de seize ans. Le maire compétent est celui de la commune où l'enfant a été recueilli, et non celui de la commune où il a été trouvé. Le maire ou le commissaire de police devra donner un récipissé de la déclaration, sans avoir à examiner si le déclarant est dans les conditions requises pour exercer ce droit; dans le délai de quinzaine, ces magistrats devront transmettre cette déclaration au préfet, et dans le département de la Seine au préfet de police. Le préfet à son tour, dans un nouveau délai de quinzaine, notifiera cette déclaration aux parents, et, si ces parents sont inconnus, devra faire les recherches nécessaires pour les découvrir.

Les personnes, qui n'auraient pas fait la déclaration exigée dans les délais prescrits, sont passibles d'une amende de cinq à quinze francs, et en cas de récidive spéciale dans l'année, la peine de cinq jours de prison devra être prononcée.

Les seuls enfants protégés par l'art. 19 sont les mineurs de seize ans, mais peu importe qu'ils soient abandonnés moralement ou matériellement ; les majeurs de seize ans, au contraire, pourront être recueillis sans aucune déclaration, car ils sont en dehors du cas prévu par l'article 19.

Si celui qui a recueilli l'enfant se bornait à faire la déclaration prescrite, les parents seraient libres de le réclamer quand ils le voudraient ; pour prévenir ce danger, la loi donne, à l'établissement ou au particulier, le droit, si les parents n'ont pas réclamé l'enfant dans les trois mois de la déclaration, de demander au tribunal que tout ou partie des droits de la puissance paternelle lui soient confiés. Le tribunal examine quel est l'intérêt de l'enfant, remet la puissance paternelle à l'Assistance Publique, et accorde au demandeur l'exercice de tous ou de certains de ces droits, les autres appartiennent à l'Assistance Publique, les parents n'en ayant plus aucun.

On devra donner des solutions analogues à celles données pour le placement fait avec l'intervention des parents, pour les questions qui s'élèvent à propos du pouvoir d'attribution du tribunal, pour la procédure ; rappelons que la requête, qui n'est dispensée ni du timbre ni de l'enregistrement, est présentée par ministère d'avoué au tribunal du domicile du gardien. Les parents ne sont pas mis en cause, pas plus que le représentant de l'Assistance Publique, ce qui se comprend moins. L'affaire est examinée en chambre du conseil, le ministère public entendu ; quant au jugement, quoique la loi ne le dise point, il faut, à notre avis, qu'il soit prononcé en audience publique.

De même que le père déchu a le droit de demander la restitution des droits de la puissance paternelle, de même le père, dont les enfants ont été recueillis en vertu des art. 17 et 19, a le droit de demander qu'ils lui soient rendus. Il doit, à cet effet, saisir par ministère. d'avoué le tribunal de la résidence de l'enfant ; ce tribunal, après avoir appelé celui auquel l'enfant a été confié et le représentant de l'Assistance publique, prononce son jugement ; ce jugement peut, soit rendre l'enfant à ses parents, soit maintenir le *statu quo*, soit enfin sur la réquisition du ministère public, prononcer la déchéance de la puissance paternelle. Dans ce dernier cas, il faut que les parents se trouvent dans les cas prévus par les art. 1 et 2 ; le seul but de l'art. 21 sera de dispenser de la procédure ordinaire. Si la déchéance est prononcée, tous les enfants seront enlevés aux parents, et celui confié à un particulier lui sera retiré ; on constituera une tutelle de droit commun, et à son défaut la tutelle de l'Assistance Publique.

Toute demande rejetée pourra être renouvelée trois ans après que la décision de rejet est devenu irrévocable, et est toujours renouvelable, mais il ne s'agit pas, bien entendu, d'une demande en restitution de la puissance paternelle, car, dans le cas de déchéance, on sait que cette demande ne peut être renouvelée.

L'Assistance Publique a, elle aussi, un droit de surveillance, mais ce droit est la conséquence de la puissance paternelle ou tutélaire qui lui est conférée sur les enfants recueillis avec ou sans l'intervention des parents. Elle ne peut donc exercer sa surveillance que sur les enfants soumis à sa puissance dans les conditions du titre II.

La surveillance confiée aux préfets et à l'Assistance Publique s'exercera de la manière suivante : celui qui a cette surveillance se pourvoit devant le tribunal civil par une requête visée pour timbre et enregistrée gratis, mais présentée par ministère d'avoué, afin d'obtenir que l'établissement ou le particulier qui a obtenu la garde de l'enfant soit dessaisi de tout droit sur lui, et que cet enfant soit confié à l'Assistance Publique. Les parents et gardien de l'enfant sont appelés en cause, mais nous ne croyons pas qu'ils doivent être assistés d'un avoué. Le jugement rendu est susceptible d'appel, mais pour que l'enfant ne reste pas plus longtemps maintenu dans un placement reconnu dangereux, la loi déclare que l'appel ne sera pas suspensif.

L'art. 25 contient enfin diverses dispositions relatives aux charges financières, mais comme c'est là un sujet d'administration, nous renvoyons purement et simplement au texte de la loi.

Tel est le second titre de la loi de 1889 ; avant d'entrer dans la critique de la loi, et de chercher les modifications dont elle est susceptible, nous allons passer en revue les législations étrangères ; nous y trouverons peut-être des règles qui seraient bonnes à appliquer en France, et nous verrons si d'autres peuples ont, mieux que nous, résolu le problème complexe et délicat de la protection de l'enfance.

CHAPITRE XIII

DES ENFANTS MORALEMENT ABANDONNÉS DANS LES LÉGISLATIONS ÉTRANGÈRES

La France ne s'était occupée, jusque dans ces dernières années, que des enfants matériellement abandonnés ; quant à ces enfants sans surveillance, sans éducation, abandonnés aux hasards des rues, qui composent le groupe principal des jeunes vagabonds, la loi n'en parle que pour leur appliquer l'art. 66 du Code pénal, et les envoyer dans des maisons de correction, où ils finissent de se corrompre complètement. Ce n'est que dans ces dernières années, qu'on a compris qu'il y avait à la fois un devoir et un intérêt, pour le corps social, à favoriser la création et le développement des œuvres qui se consacrent à l'éducation de l'enfant moralement abandonné, et à leur donner les pouvoirs nécessaires à l'accomplissement de cette tâche. Tandis qu'il faut attendre en France jusqu'en 1880 pour voir fonctionner un service des enfants moralement abandonnés, il y a longtemps que les pays d'origine germanique ont compris qu'il valait mieux prévenir le mal que de le combattre ; que, pour tarir à sa source le dommage causé à la société par les jeunes mendiants et vagabonds, il fallait les recueillir afin de les diriger vers le bien.

C'est surtout en Angleterre que ce système préventif s'est le mieux et le plus rapidement développé. Dans ce pays, le droit du père à la garde, à l'éducation, à la tutelle de l'enfant, est dominé hautement par le principe traditionnel en vertu duquel le lord Chancelier, au nom du Roi, chef de toutes les familles, *parens patriæ*, a le contrôle supérieur de la puissance paternelle, par conséquent le droit de la retirer au père incapable ou indigne de l'exercer, et le droit de la déférer à un étranger, dans l'intérêt public et dans l'intérêt de l'enfant.

Depuis longtemps l'Angleterre a réalisé dans ses lois les réformes que nos législateurs cherchent à introduire dans les nôtres, en constituant sous forme d'*éducation forcée* une protection légale pour les enfants indigents auxquels l'assistance publique et la charité privée ouvrent difficilement leurs asiles, et qui ne trouvent un refuge dans les établissements correctionnels qu'après avoir comparu en justice pour des délits ou des crimes. L'éducation correctionnelle des jeunes délinquants, et l'éducation préventive des enfants abandonnés, ont été organisées et réglementées par les deux lois du 10 août 1866 suivant le même plan et dans un même système: des établissements différents par le règlement ou le régime disciplinaire, mais ayant pour principe commun le *droit de détention* des enfants ; ces établissements créés par des particuliers ou des associations, administrés par ceux qui en ont fait librement l'entreprise et en assument la responsabilité ; placés, à des conditions déterminées par la loi, sous le contrôle du Gouvernement qui les autorise, dispose de leurs règlements, les surveille par ses inspecteurs des prisons, et supporte la majeure partie de leurs dépenses ; tels sont les caractères généraux des Ecoles de réforme (*Reformatory schools*) et des Ecoles industrielles (*Industrian schools*) d'Angleterre.

L'école de réforme est un établissement de correction ; il en a les caractères, non seulement par la discipline sévère à laquelle les enfants sont soumis, mais encore, et surtout, par le court emprisonnement qui en forme le point de départ obligé.

L'école industrielle est un établissement d'assistance, mais il lui reste un lien avec le régime pénitentiaire par le personnel d'inspection auquel il est soumis ; le principe de la détention subsiste, mais il n'est plus la conséquence d'une condamnation ; c'est une mesure de protection prise par le juge, après enquête, en vue de soustraire l'enfant aux effets funestes de l'abandon ou aux abus de la puissance paternelle ; en effet, cette école sert à recueillir non seulement les enfants abandonnés non coupables, mais encore ceux qui dans leur famille reçoivent une éducation immorale : enfants trouvés, enfants abandonnés, enfants moralement abandonnés, enfants maltraités, tous ceux enfin qui ne sont plus placés sous la surveillence effective d'une famille, ou qui ne trouvent, au foyer paternel, que mauvais conseils et mauvais exemples, sont placés dans les écoles industrielles, où ils seront élevés de manière à devenir des citoyens honnêtes et utiles à leurs pays.

A ces écoles industrielles créées en vertu de l'Acte du 10 août 1866, sont venues s'ajouter d'autres écoles industrielles créées en vertu de la loi de 1876 sur l'éducation, et frappant les enfants ne fréquentant pas les écoles.

Toute personne a, en principe, le droit d'amener l'enfant rencontré dans une des conditions indiquées par la loi, devant le juge qui l'envoie dans une école de réforme ou une école industrielle. Toutefois, malgré la puissance de l'initiative privée en Angleterre, on ne pouvait espérer que cette faculté fût souvent mise en œuvre par de simples citoyens ; aussi les associations de bienfaisance s'en occupèrent-elles, et l'association connue sous le nom de *Reformation and Refuges Union*, paraît avoir eu, la première, l'idée de donner à un de ses agents la mission spéciale de rechercher dans les rues de Londres, et d'amener devant la justice, les petits vagabonds qui se trouvaient dans les conditions de la loi, et désignés sous le nom pittoresque d'*Arab boys*. Après 1870, la faculté donnée aux Schools Boards (Bureaux Scolaires) d'établir l'instruction obligatoire dans leur juridiction, a donné à cette pratique un plus grand développement. Les *Schools boards* des grandes villes, notamment ceux de Londres, après avoir établi l'obligation comme règle, nommèrent à leurs frais, pour la rendre plus sûrement effective, des agents chargés d'aller arrêter et de conduire, devant la justice, tous les enfants rencontrés aux heures des classes, faisant l'école buissonnière dans la rue. Ces agents, qu'on a désignés sous le nom de bedeaux d'enfants (*boys' beadles*), s'acquittent utilement de leur mission, puisque le rapport officiel de M. W. Inglis constate qu'en 1876, 1468 enfants ont été envoyés dans les écoles, presque tous vagabonds ou abandonnés dans les rues, à la demande des bureaux scolaires. Dans le cours de la même année, le boys'beadle de l'Union des Écoles de Réforme et des Refuges avait arrêté dans les mêmes conditions 341 enfants. En résumé, on peut dire qu'en Angleterre les enfants dont la loi s'occupe peuvent se diviser en trois catégories :

1° Les détenus des maisons de réforme qui ont tous été condamnés, souvent plus d'une fois, et ont tous subi une courte période d'emprisonnement avant d'être admis aux écoles ;

2° Les enfants qui ont commis quelque délit ou qui, par leurs associations et le milieu dans lequel ils vivent, sont à la veille de tomber dans le crime, mais n'ont jamais été en prison et n'ont pas subi de condamnation ; on peut les appeler les *cas de police* (*Police cases*), et ce sont ces enfants pour lesquels, à l'origine, les écoles industrielles ont été établies.

3° Une dernière catégorie a surgi ces dernières années

et grossit de plus en plus, c'est celle des enfants dont l'in-fraction consiste dans la non fréquentation des écoles, et contre lesquels il est procédé en vertu de l'acte d'éducation de 1876. On peut les appeler les *cas d'éducation* (*educational cases*).

On peut voir par ces quelques indications que la voie dans laquelle sont engagées les administrations paroissiales d'Angleterre diffère beaucoup de la voie suivie par nos administrations départementales d'assistance publique, qui, en général, préfèrent pour leurs pupilles les placements à la campagne chez des particuliers. Le système français de placement nous paraît préférable au système d'écoles préconisé par nos voisins d'Outre-Manche. D'abord, en Angleterre, dans l'école l'enfant ne peut se créer une famille comme cela arrive fréquemment dans nos campagnes, où nous voyons les père et mère nourriciers traiter l'enfant assisté comme le leur propre.

En outre, l'école est une sorte de milieu factice : l'enfant reçoit sa nourriture toute préparée, les vêtements lui sont donnés quand il en a besoin ; dans la vie courante il faudra qu'il se procure, par son travail, et sa nourriture et ses vêtements, il verra alors seulement comment il peut se les procurer. Au lieu de coudoyer, comme dans la vie ordinaire, des enfants de diverses origines, l'enfant élevé dans une école ne verra autour de lui que des enfants nés comme lui de parents malheureux ou misérables ; de plus, dans cette foule d'enfants il suffit qu'il y en ait un vicieux pour que les autres le deviennent par son contact. Quant à l'apprentissage, les patrons qui emploient plus tard des enfants ainsi élevés leur reprochent de ne savoir que de la théorie, de ne pas travailler d'une façon pratique, et surtout de ne pas économiser la matière à ouvrer : il faut leur faire faire un second apprentissage. Enfin si nous considérons le point de vue budgétaire, nous voyons que l'enfant élevé comme en Angleterre coûte sept ou huit fois plus cher que l'enfant élevé à la campagne comme en France ; or, cet argent ainsi dépensé aurait permis de recueillir sept ou huit fois plus d'enfants qu'on ne l'a fait. La méthode française nous semble donc la meilleure, mais c'est peut-être là un point de vue théorique ; il faut, du reste, pour résoudre un semblable problème, étudier toutes les conditions où l'on se trouve et remarquer que, contrairement à ce qui a lieu en France, la population des villes est plus nombreuse, en Angleterre, que celle des campagnes. — Il y a toutefois lieu d'observer que, depuis quelques années, le système de placement à la campagne commence à prendre faveur en Angleterre et dans ses colonies, à l'imitation de la France. C'est ce qu'on nomme *Boarding out*.

La législation des enfants abandonnés aux États-Unis varie suivant les différents États, mais est analogue dans son ensemble à celle de l'Angleterre : Écoles de réforme pour les enfants coupables, écoles industrielles pour les enfants vagabonds ou abandonnés. Là, comme en Angleterre, on reconnaît un droit supérieur à la puissance paternelle, c'est le droit qu'a la société de remplacer le père quand celui-ci élève mal ses enfants. Beaucoup de mesures législatives ont été prises en divers États pour soustraire les mineurs à la corruption, aux vices et surtout à l'ignorance : lois contre le détournement, la séduction et l'enlèvement des mineurs, lois contre la vente des liqueurs alcooliques aux mineurs, contre leur admission dans les débits de boissons, dans les maisons de jeu, dans les lieux d'amusements publics et autres, sans la présence de leurs parents ou tuteur ; lois contre le vagabondage et la mendicité des mineurs ; lois contre l'emploi des mineurs de seize ans dans les professions ambulantes, celles de chanteurs des rues et autres, de colporteurs, danseurs de corde, gymnastes, acrobates, écuyers de cirque, etc., ou pour toute autre exhibition ou profession dangereuse pour la santé. La loi de New-York de 1876, sur ce sujet, a décidé que sur la preuve d'un pareil fait, la Cour ou le magistrat, si cela est jugé convenable pour le bien de l'enfant, privera de la garde de ce dernier la personne à laquelle il est confié, et le placera dans un asile d'orphelins ou prendra toute autre disposition appropriée. L'Illinois en 1876, la Californie en 1877, le New-Hampshise et la Pensylvanie en 1878, ont voté des lois semblables.

Du reste, les Américains n'ont pas attendu les développements effrayants pris de nos jours par les *classes dangereuses*, suivant l'expression de M. Loring Brace, pour s'occuper du traitement des jeunes délinquants. Bien avant l'Europe, avant l'Angleterre même, ils avaient cherché pratiquement à remplacer pour eux l'emprisonnement et les corrections pénales par l'éducation correctionnelle. Edward Livingston avait provoqué dans cette direction un mouvement d'opinion, dont la création des trois premières maisons de réforme américaines avait été le résultat. New-York avait donné le premier exemple en 1825, exemple suivi par Boston en 1826, et par Philadelphie en 1829. Mais à côté de ces *Juvenile Reformatories* sont nés, comme en Angleterre, des établissements d'éducation préventive et des écoles industrielles, pour élever les enfants qui, faute de direction morale, seraient devenus un jour des membres de la grande armée du crime. L'imitation de la loi anglaise est du reste complète : la loi de 1872 contre l'école buissonnière crée un corps appelé : *Department of Truancy* composé d'un surintendant et de onze agents qui ont pour fonction de rechercher les enfants qui s'absentent de l'école, et, dans le cas où les parents continuent à montrer la même négligence, de faire mettre, par l'autorité, ces enfants dans une école de discipline spéciale appelée *Truant School*, telle est en résumé la législation, aux États-Unis, des enfants abandonnés ou coupables, législation dans son ensemble analogue à celle de l'Angleterre.

En Allemagne, le Code pénal de l'Empire allemand contient une disposition analogue à celle de notre art. 66 du Code pénal ; il maintient l'exemption de toute responsabilité pénale pour l'enfant qui n'a pas accompli sa douzième année, mais prescrit les dispositions suivantes : « Celui qui, en commettant une action punissable, n'a pas accompli sa douzième année, ne peut pas être poursuivi en vertu du droit pénal pour cette action. Envers lui, cependant, il peut être pris des mesures appropriées à sa réformation et à sa surveillance, conformément aux dispositions légales particulières des provinces. Particulièrement, le placement dans un établissement d'éducation ou de réforme peut s'en suivre, après que, sur la décision de l'*autorité de tutelle*, l'action punissable est établie et le placement est déclaré admissible.

Ce progrès dans les lois pénales ne pouvait porter des fruits qu'à l'aide d'améliorations correspondantes dans les lois d'assistance et d'éducation. Le législateur allemand n'a pas manqué à cette partie éventuelle de sa tâche. Il a remanié d'abord toute la législation sur les tutelles, et par la loi du 5 juillet 1875, il a institué en faveur, non seulement des orphelins, mais encore de tous les mineurs qui ne sont pas soumis à la puissance paternelle, lorsque l'exercice de cette puissance est interrompu conformément au droit, une autorité tutélaire consistant en un tribunal de tutelle et conseil des orphelins.

Mais cela ne suffisait pas à l'accomplissement du devoir d'humanité, et aussi de protection sociale, imposé au législateur par l'accroissement, constaté partout, de la dépravation morale de l'enfance au sein des familles misérables. Assurer et organiser l'éducation importait encore plus que la constitution des tutelles. La loi du 14 juillet 1878 sur le placement des enfants délaissés fut promulguée dans ce but. L'art. 1er est ainsi conçu : « Quiconque commet un acte coupable après l'âge de six ans révolus et avant l'âge de douze ans révolus, peut être envoyé, par ordre de l'autorité, dans une famille offrant les garanties nécessaires et dans une maison d'éducation ou de réforme, lorsque l'acte punissable, la situation personnelle des parents ou autres personnes chargées de l'éducation de l'enfant, ou les conditions d'existence, rendent ce placement indispensable, pour éviter un abandon moral plus grand ». Le placement peut avoir lieu de deux manières : ou bien dans une école comme en Angleterre, ou bien dans une famille comme en France. Malheureusement la loi de 1878 qui fut complétée par les lois du 27 mars 1881 et 23 juin 1884, exige un acte coupable de la part de l'enfant. Il ne faut pas croire cependant que le père négligent de ses devoirs ne pourra pas être dépouillé de sa puissance paternelle tant que son enfant ne commet pas d'acte coupable ; dans le code provincial général, au chapitre consacré à la puissance, nous trouvons les articles suivants :

§ 90.—Dans le cas où les parents maltraiteraient cruellement leurs enfants, ou les pousseraient au mal, ou leur refuseraient le nécessaire, le tribunal a le devoir de se charger d'office des enfants.

§ 91.—Suivant les circonstances, en un tel cas, l'éducation peut être retirée aux parents et confiée, à leurs frais, à d'autres personnes de confiance.

§ 255. — Outre les cas ordinaires mentionnés (§ 210-230), la puissance paternelle cesse d'elle-même lorsque le père a été condamné pour crimes graves à une peine rigoureuse et infamante, aux travaux forcés dans une maison de détention ou dans une forteresse, à la prison pour une durée de dix ans ou perpétuelle, ou au bannissement.

§ 256. — Il en est encore de même lorsque le père est reconnu juridiquement pour un dissipateur.

§ 257. — Ou lorsque à l'insu de l'Etat il quitte le territoire royal pour se dérober à ses devoirs de sujet.

§ 258. — Enfin lorsque, volontairement, il a laissé ses enfants sans secours et sans surveillance.

Tous ces divers textes, aussi bien la loi de 1878 que les articles du Code civil prussien, prouvent qu'en Allemagne on reconnaît à l'Etat le droit de s'occuper de l'éducation des enfants que leurs parents négligent; dans ce pays, comme aux Etats-Unis ou en Angleterre, au-dessus de la puissance paternelle, il y a l'Etat qui a le droit de surveillance sur les enfants membres de cet Etat.

En Autriche, le Code civil de 1811 reconnaît le pouvoir supérieur des tribunaux de contrôler la puissance paternelle et de prendre, dans l'intérêt des enfants, telles mesures qu'ils croiront bonnes. En outre, il y a des cas de suspension de l'exercice de la puissance paternelle, et même des cas de déchéance de cette puissance ; c'est ce qu'on voit en lisant les art. 176, 177, 178.

Art. 176. — Si un père vient à perdre l'usage de la raison, s'il est déclaré prodigue, ou s'il est condamné, par suite d'un crime, à plus d'un an de prison, s'il émigre sans permission ou s'il reste absent pendant plus d'une année sans faire connaître le lieu de sa résidence, l'exercice de la puissance paternelle est suspendu, et il est nommé un tuteur aux enfants ; mais dès que ces empê-chements cessent, le père rentre dans l'exercice de ses droits.

Art. 177. — Les pères qui négligent totalement l'entretien et l'éducation de leurs enfants sont privés pour toujours de la puissance paternelle.

Art. 178. — En cas d'abus de la puissance paternelle au préjudice des droits de l'enfant, ou en cas de négligence des devoirs que cette puissance entraîne, non-seulement l'enfant, mais encore toute personne qui en a connaissance, et surtout les plus proches parents, peuvent invoquer l'assistance des tribunaux. Le tribunal instruira sur l'objet de la plainte et prendra les mesures que commandent les circonstances.

Jusqu'à dix ans les enfants ne peuvent être frappés que de correction domestique, mais de 10 ans jusqu'à 14 ans ils peuvent être envoyés dans une maison de correction ; une fois sa quatorzième année accomplie l'enfant est réputé avoir son plein discernement.

L'Italie également admet l'internement du mineur dans

une maison de correction jusqu'à sa majorité, et le Code pénal de 1889 admet aussi une sorte de déchéance facultative de la puissance paternelle ; l'art. 392 est en effet ainsi conçu :

« Dans les cas des articles précédents (mauvais traitements envers certains membres de la famille), le juge peut déclarer que la condamnation aura pour effet, à l'égard de l'ascendant, la perte de tout droit ayant trait à la puissance paternelle qu'il pourrait avoir sur la personne ou sur les biens du descendant, au préjudice duquel le délit a été commis, et, à l'égard du tuteur, la destitution de la tutelle et l'exclusion de toute fonction tutélaire. »

C'est là une déchéance analogue à notre loi du 24 juillet 1889, mais en Italie elle est toujours facultative et exige un délit commis sur certaines personnes.

La législation de la Suisse varie suivant chaque canton, mais on peut dire que partout l'on admet l'éducation correctionnelle pour l'enfant coupable, et la déchéance de la puissance paternelle pour le père qui se montre indigne de la puissance dont la loi l'a revêtu.

La Belgique, par une loi récente parue en 1892, nous a, pour ainsi dire, emprunté notre loi du 24 juillet 1889 ; cette loi prévoit des cas de déchéance obligatoire et des cas de déchéance facultative. La déchéance est, comme en France, générale ; elle comprend tous les droits de puissance paternelle, et s'étend sur tous les enfants, mais à la différence de ce qui se passe chez

nous, le ministère public a seul le droit de poursuivre
cette déchéance. Si le père est déchu, le jugement peut
ordonner que l'exercice des droits de la puissance
paternelle soit confié à la mère ; sinon la garde et
l'éducation de l'enfant jusqu'à sa majorité, appartiennent à l'autorité communale du lieu où il a son domicile ; toutefois le tuteur pourra, avec l'autorisation du
conseil de famille, demander, par une requête adressée à
ja chambre du conseil du tribunal, que la garde et l'éducation de l'enfant lui soient confiées. Le chapitre II de cette
loi s'occupe de l'éducation correctionnelle des enfants
coupables et contient un article spécial pour les enfants
vagabonds, l'art. 15 ainsi conçu : « L'enfant âgé de
moins de seize ans accomplis, que ses parents ou son tuteur laissent volontairement, ou par suite de circonstances
indépendantes de leur volonté, dans un état habituel de
mendicité, de vagabondage ou de prostitution, peut être
mis à la disposition de l'autorité communale du lieu de
son domicile, jusqu'à sa majorité, sur la réquisition du
ministère public, par une ordonnance du président du
tribunal de première instance de l'arrondissement.

Quand on compare les législations étrangères à la
nôtre, on voit que, sauf la Belgique dont les lois sont dans
leurs grandes lignes calquées sur les nôtres, presque
tous les pays ont, avant la France, senti qu'il valait mieux
s'emparer de l'enfant dont l'éducation était abandonnée,
que de chercher à corriger celui qui s'était rendu coupable de quelque délit ; tous ont compris qu'au-dessus

de la puissance du père, il y avait un pouvoir supérieur, celui de la Société ; que dans le cas où le père se montrait indigne de ses devoirs, l'Etat devait se substituer à lui pour que ses enfants deviennent un jour des citoyens honnêtes et utiles à leur pays ; la France, la dernière, a compris qu'il était du devoir du législateur de combattre la puissance paternelle quand le père s'en montrait incapable ou indigne ; elle a promulgué la loi du 24 juillet 1889, mais cette loi est-elle complète, et le législateur a-t-il employé, pour arriver à son but, les meilleurs moyens qui lui étaient offerts? C'est ce que nous allons examiner en faisant la critique de la loi.

CHAPITRE XIV

La loi de 1889, telle qu'elle a été rédigée, répond-elle entièrement aux vues que se sont proposées ceux qui l'ont provoquée et préparée ? Sans doute les bienfaits qu'on peut espérer de son application sont grands, ainsi que le démontrent les centaines de jugements rendus, et qui s'appliquent à plus de trois mille enfants ; mais ce chiffre, quelqu'élevé qu'il soit, est peu de chose en regard de trente ou quarante mille enfants moralement abandondonnés, vagabonds, mendiants, maltraités, etc., que, selon les estimations les plus modérées, il importe à la société de protéger ou de recueillir, pour les transformer en éléments utiles et les enlever à l'armée du vice et du crime. Quelles sont donc les améliorations dont la loi est susceptible pour lui faire produire son maximum d'efficacité ? Cette question doit se poser, car la loi de 1889, nous l'avons déjà dit, a été préparée pour atteindre le but déterminé par son titre : la protection de l'enfance ; et toutes les dispositions qu'elle comporte ne sont que des moyens pour arriver à ce résultat.

Si nous admettons que pour les faits visés par l'art. 1er le principe de la déchéance, déjà inscrit à l'art. 335 du Code pénal et dans la loi du 7 décembre 1874, pouvait légitimement être inscrit dans la loi de 1889, à cause de la gravité et de la monstruosité des actes dont les parents se sont rendus coupables, était-il au contraire nécessaire, ou même utile, de l'étendre aux faits visés par l'article 2 ? Nous ne le croyons pas. A notre avis il suffisait d'enlever aux parents le droit de garde sur l'enfant qui avait à souffrir de l'inconduite ou des mauvais traitements de sa famille ; si on voulait pousser plus loin la sollicitude, on pouvait encore donner à l'Administration le droit de gérer exclusivement le pécule amassé par l'enfant, afin que les parents ne pussent s'en emparer, et enfin l'armer du droit d'internement par voie de correction paternelle si l'enfant devenait insoumis. La protection de l'enfant se trouvait ainsi pleinement assurée, sans qu'il y eût besoin de soulever cette question formidable, au point de vue philosophique et au point de vue de la constitution de la famille, de la déchéance intégrale, absolue, de l'autorité paternelle à l'égard des enfants nés ou à naître. Au fond n'est-ce pas ainsi qu'a procédé le Code pénal dans son art. 66 ? Quel résultat obtient-on par le jugement qui acquitte le mineur et le remet à l'administration pénitentiaire ? On enlève par ce fait même au père les droits de garde et d'éducation, et on peut espérer obtenir par ce moyen le relèvement du mineur. Pour donner à cette opinion la consécration des avis émis par les personnages les plus autorisés, il nous suffira de nous reporter aux discussions et aux travaux qui constituent la période préparatoire de la loi de 1889.

Le premier de ces travaux, non pas seulement par la date, mais aussi par la rare élévation de l'esprit qui l'anime, est le rapport présenté en 1875 par M. Félix Voisin, conseiller à la Cour de Cassation, à l'Assemblée Nationale, sur la réforme de la loi de 1850 ; le Parlement, par suite de circonstances multiples, n'a pas eu à en délibérer, mais une partie des réformes qu'il préconisait se sont trouvées, de fait, réalisées par la loi de 1889. Que demandait M. Voisin ? L'art. 13 de son projet va nous l'apprendre : « Les père et mère de l'enfant conduit dans une maison de réforme, peuvent être privés de la garde de sa personne jusqu'à sa majorité ou son émancipation : 1° S'ils ont été condamnés comme co-auteurs ou complices du crime ou du délit commis par cet enfant ; 2° S'ils ont été condamnés pour un crime ou un délit commis sur cet enfant, sans préjudice des dispositions de l'art. 335 du Code pénal ; 3° S'ils l'ont volontairement abandonné ; 4° S'ils n'ont habituellement exercé sur lui aucune surveillance ; 5 S'ils sont eux-mêmes d'une inconduite notoire ».

M. Voisin commentait ainsi l'article proposé sur les mesures à prendre pour restreindre la puissance paternelle : « Votre commission a pensé qu'elle ne saurait se montrer trop circonspecte ; il faut faire tout ce qui est nécessaire, mais se bien garder d'aller au-delà. Elle ne vous propose donc pas une destitution complète de la puissance paternelle, comme dans les cas prévus par les art. 334 et 335 du Code pénal ; elle ne demande pas de priver les parents de tous les droits et avantages à eux accordés sur la personne et les biens de l'enfant, elle vous demande de décider purement et simplement qu'ils pourront être privés de la garde de sa personne ».

Il n'était point question encore, on le voit, de déchéance, laquelle était réservée pour les seuls cas graves prévus par l'art. 335 du Code pénal, et même cette déchéance n'avait pas dans l'esprit de l'éminent rapporteur le caractère absolu qui a prévalu depuis. C'était une simple dévolution de la tutelle et une attribution du droit de garde à un tuteur nouveau ; c'était, en présence d'une autorité paternelle défaillante ou qui s'exerçait contre la personne de l'enfant, une sanction nouvelle de l'art. 203 du Code civil qui déclare que les époux du fait du mariage contractent l'obligation de nourrir, entretenir et élever leurs enfants.

Passons en revue les discussions qui ont eu lieu à la Société Générale des Prisons de 1878 à 1884, et auxquelles ont pris part les principaux membres qui, soit à la Commission extra-parlementaire de la Chancellerie, soit au Parlement, ont participé à la rédaction de la loi de 1889 ; les bulletins de la Société nous fournissent d'amples matériaux à l'appui de notre opinion qui considère la loi de 1889 comme trop rigoureuse. C'est ainsi qu'en 1880 dans un premier projet de la loi, soumis aux délibérations de la Société Générale des Prisons par MM. Desportes et Roussel, ces jurisconsultes se bornaient à demander que les parents du mineur moralement abandonné ou maltraité, pussent être privés de la garde de sa personne jusqu'à sa majorité ou son émancipation. D'un autre côté M. Brueyre, tant à la Société des Prisons qu'à la Chancellerie, dans un mémoire adressé en 1889 au congrès d'Anvers où il était rapporteur de la question de la déchéance paternelle, enfin dans son rapport de 1881 au Comité de défense des enfants traduits en Justice, n'a cessé de s'élever dans les termes les plus vifs contre cette disposition de la loi de 1889 ; il fit valoir les avantages que les Anglais et les Américains avaient retirés de la simplicité de leur législation, qui se borne à donner aux juges la faculté de placer dans les *Industrial Schools* ou les *Reformatories* les enfants que les *Boys' Beadles* amènent devant eux, lorsqu'ils ont été rencontrés errant ou mendiant par les rues.

Enfin M. le Sénateur Bérenger, à la Société des Prisons et au Sénat, a toujours soutenu qu'il suffisait de confier le droit de garde des enfants aux établissements qui les recueillent, pour leur confier une autorité suffisante à les protéger contre leurs parents ; il pensait même que c'était aller trop loin que de donner un pouvoir de tutelle à l'Administration et aux établissements, comme le droit de disposer des biens du mineur, de consentir à son mariage, etc.. Au surplus, pas plus les Administrations publiques que les Sociétés privées, n'ont

demandé, pour se garantir contre les réclamations intéressées des parents, d'être armées d'une tutelle résultant
du jugement de déchéance. A l'occasion de la grande
enquête confiée par le Sénat à M. Th. Roussel au sujet
de la situation des orphelinats et des œuvres privées, la
Société des Prisons avait demandé qu'un questionnaire
fût adressé à chaque œuvre, pour connaître son appréciation sur les réformes projetées. La cinquième question
était ainsi conçue : « Pensez-vous qu'il serait utile de
promulguer une loi qui donnerait aux tribunaux le droit
d'investir les établissements publics ou privés d'un droit
de tutelle analogue à celui que le décret de 1811 accorde
à l'Assistance Publique? » Les réponses furent unanimes
sur la force que leur conférerait une telle loi ; beaucoup
de sociétés se déclaraient satisfaits d'avoir seul le droit
de garde ; aucune réponse ne fit allusion à la déchéance.

Nous concluons donc en disant qu'il faut regretter que
les dispositions sensées, simples et pratiques des Actes
anglais de 1866, et américain de 1853, qui permettent aux
juges de confier la garde des mineurs vagabonds et
mendiants aux Sociétés qui les recueillent, n'aient pas
passé dans la loi française, ainsi que le voulaient MM. Félix Voisin, Th. Roussel, Bérenger, Brueyre ; mais nous
comprenons que les promoteurs de ce système, pour ne
pas risquer l'échec d'un projet très discuté, aient fini par
s'incliner devant un système soutenu à la commission de
la Chancellerie par MM. Courcelle-Seneuil, Conseiller
d'Etat, et Pradine, aujourd'hui Conseiller à la Cour de

Cassation. Nous espérons cependant que, lorsqu'un jour on révisera la loi de 1889, après qu'une expérience assez longue aura démontré ses inconvénients, on réservera la déchéance aux cas graves, mais rares, de l'article premier.

Une autre critique s'impose par rapport à la loi de 1889, et c'est encore l'adoption du système de protection par la déchéance qui en est la cause. Quels sont, en effet, les enfants dont les parents peuvent être frappés de déchéance ? Evidemment les enfants légitimes et les enfants naturels reconnus. Mais, parmi les enfants que la Société a le devoir de protéger, ce sont, à coup sûr, les moins nombreux. Quels moyens la loi nouvelle offre-t-elle pour la protection des enfants naturels non reconnus, lorsqu'ils ne sont pas matériellement abandonnés par leurs parents, ou lorsqu'ils ne rentrent pas dans les définitions prévues par la loi du 15 pluviose an XIII, ou du décret du 19 janvier 1811, ou même lorsque les services d'Enfants Assistés, en vertu de règlements spéciaux, refusent de s'en occuper ? Aucun. Une réforme toute indiquée consiste dès lors à autoriser le tribunal, lorsque la santé, la sécurité ou la moralité d'un enfant naturel non reconnu, se trouvent compromises par ses parents, à en confier l'éducation à l'Assistance Publique, qui en prendrait la tutelle dans les conditions ordinaires de la législation des Enfants Assistés.

Des cas de cette nature s'étant produits devant la Justice, une solution a été préconisée d'accord avec le Ministère de l'Intérieur et le Garde des Seaux, et des jugements ont été rendus dans ce sens, notamment par le tribunal des Andelys le 27 mai 1891 [1]. Ce système consisterait à soutenir que l'art. 23 de la loi de 1889 permet au préfet de la résidence d'un enfant de se pourvoir devant le tribunal civil, afin d'obtenir, dans l'intérêt de l'enfant, que le particulier ou l'association sous la protection de qui se trouve le mineur, puisse être dessaisi de tout droit sur ce mineur et qu'il soit confié à l'Assistance Publique. C'est tout à la fois une pétition de principes et une hérésie. D'abord l'art. 23 ne concerne que les enfants « confiés dans les conditions de la loi de 1889 » ; or, ce n'est pas le cas, puisque précisément la loi de 1889 n'a pu leur être appliquée. Ensuite n'est-ce pas une théorie monstrueuse, que l'opinion publique ne manquerait pas de condamner avec violence, que de prétendre que les parents d'un enfant, lorsqu'ils ne l'ont pas reconnu, ne sont que ses gardiens du fait, et que cet enfant ne leur est ainsi laissé que par un consentement tacite de l'Etat. A défaut de lien légal, la nature n'a-t-elle pas créé de père à enfant des droits et des devoirs imprescriptibles ? A quels terribles abus n'aboutirait pas bien vite un semblable système ; ce serait du communisme pur. Il nous paraît donc indispensable de réviser la loi sur ce point, et de la compléter par une disposition formelle relative aux enfants naturels non reconnus.

Une troisième critique s'élève à propos de la loi de

---

[1] Depuis cette époque, quatre autres jugements analogues on été rendus par des tribunaux du département de l'Eure.

1889. La rédaction des art. 9, 10 et 11 a été l'objet d'in-
terprétations diverses qui montrent son peu de clarté.
Les uns soutiennent que du fait de la prononciation de
la déchéance, lors même que le tribunal n'aurait pas statué sur la tutelle, celle-ci est de plein droit dévolue à
l'Assistance Publique, et le Comité de Défense des enfants
traduits en justice a émis l'avis proposé par M. Brueyre
que, dès la prononciation de la déchéance, l'art. 11 re-
çoive son plein effet, et que l'enfant soit placé sous la tutelle de l'Assistance Publique, à moins que le tribunal n'en
ait décidé autrement en vertu des art. 9 et 10. Par application de ce principe, dans les cas de déchéance de plein
droit, la tutelle de l'Assistance s'exercerait jusqu'à ce
que la juridiction compétente ait décidé, conformément
au paragraphe 1er de l'art. 9, que la mère exercerait la
puissance paternelle.

Le second vœu du Comité de Défense serait que les
tribunaux répressifs, et même la cour d'Assises, fussent
compétents pour organiser la tutelle. C'est ce qu'a soutenu M. Leloir dans un article publié en juin 1891 dans
la France Judiciaire. »

D'autres soutiennent, au contraire, que les tribunaux
répressifs n'ont pas qualité pour organiser la tutelle, et
qu'il convient, dès la prononciation de la déchéance,
de renvoyer à la juridiction civile pour l'organisation de
cette tutelle. Des raisons excellentes ont été sans doute
données de part et d'autre, et même il semble que le
Garde des Sceaux, dans sa circulaire du 21 septembre

1889, se soit prononcé pour la compétence des tribunaux correctionnels et des Cours d'Assises pour organiser la tutelle par le jugement même qui prononce la condamnation et la déchéance, mais néanmoins, nombre de tribunaux, notamment celui de la Seine, n'ont pas accepté cette jurisprudence, tandis que d'autres s'y sont conformés. Il est donc de toute nécessité que la question soit tranchée définitivement et juridiquement, soit en soumettant une espèce déterminée à la Cour de Cassation, soit, ce qui serait préférable, en tranchant la question par une rédaction nouvelle du texte actuel qui provient de remaniements successifs opérés dans les diverses Commissions et Assemblées qui ont élaboré la loi. La question serait fort probablement résolue dans le sens de la compétence des tribunaux répressifs pour l'organisation de la tutelle.

CONCLUSION

Nous termiuerons ici les observations que l'étude at-
tentive de la loi de 1889 nous a suggérées. Nous pensons l'avoir examinée sous toutes ses faces, et nous avons
tenu, dans cette matière nouvelle, à mettre en-lumière
les lacunes, les imperfections, et les vices de rédaction
de cette loi. Elles out pour causes et pour excuses la
laborieuse genèse d'une loi dont les travaux préparatoires ont duré plus de dix ans, dont le texte a été complètement bouleversé plusieurs fois, qui, préparée d'abord à
la Commission de la Chancellerie en 1880 sous la forme
qui est à peu près celle qu'elle a maintenant, a été, sur
le rapport de M. Th. Roussel au Sénat, adoptée par cette
Assemblée avec une rédaction différente et l'adjonc-
tion de dispositions nombreuses concernant des catégories d'enfants sans rapport avec les enfants moralement
abandonnés ou maltraités ; puis qui a été au Corps Législatif, au cours de deux législatures, augmentée encore
de dispositions émanées de l'initiative parlementaire,
et ainsi tellement compliquée et rendue inexécutable que
force a été au Gouvernement de reprendre le texte primitif de la Chancellerie, sous peine de ne pouvoir étrein-

dre pour avoir voulu trop embrasser. L'ancienne rédaction de la Commission de la Chancellerie a, à son tour, été
passée au crible du Conseil d'Etat, du Conseil supérieur
de l'Assistance Publique, enfin du Parlement ; les ten-
dances d'esprit des rédacteurs de la loi étaient fort diver-
gentes, suivant qu'ils se plaçaient au point de vue du
droit pénal, du droit civil, ou du droit administratif. La
loi s'est donc trouvée avoir un caractère mixte ; elle est
dans son ensemble une loi administrative complémentaire de la législation des Enfants Assistés, mais certaines dispositions du titre I sont incontestablement d'ordre pénal. De là un défaut d'homogénéité et d'unité
de vues dont la rédaction a souffert ; certaines sutures
ont été mal faites, des complications de procédure,
dont s'accommode mal l'intérêt de l'enfant qui est
d'être d'abord tiré du danger, ont retardé l'application de la loi, et en ont restreint l'étendue et l'efficacité au grand regret de ses premiers promoteurs.
Lorsque le temps aura fait son œuvre, que l'esprit
de la loi, qui oriente vers le droit coutumier favorable à l'enfant notre législation de l'autorité paternelle encore si imprégnée des principes rigides du droit
romain, aura peu à peu ouvert aux juges des horizons
nouveaux sur la nécessité, dans l'intérêt de l'enfant, de
rstreindre et de briser, dans certains cas, le pouvoir des
parents indignes ; lorsque des arrêts de la Cour de Cassation auront fixé la jurisprudence sur les points con-
troversés ; lorsque l'autorité judiciaire et l'autorité ad-

ministrative, dont la loi a associé les efforts pour réaliser la protection d'enfants dignes de pitié, seront tombées d'accord sur les réformes et les remaniements dont la loi de 1889 doit être l'objet, alors le moment sera venu de retourner devant le Parlement et de donner à la loi de 1889 sa formule définitive.

Pour le moment il faut savoir s'en contenter. Telle qu'elle est, elle est susceptible de produire de grands bienfaits ; grâce à elle plusieurs milliers d'enfants, dont le nombre s'augmente de près de mille par an, ont pu être recueillis, sauvés de leurs parents, élevés honnêtement, dotés d'un métier, par les Services d'Enfants Assistés et par quelques Sociétés privées spécialement créées en leur faveur. Des éléments mauvais qui seraient devenus des fléaux de la société ont été transformés en des forces utiles au pays ; le nombre des enfants enfermés dans les établissements d'éducation correctionnelle est tombé de près de 10.000 avant 1880, date de la création du service des enfants moralement abandonnés dans la Seine, à environ 5.000 ; le nombre des enfants de la correction paternelle et celui des enfants condamnés en vertu des art. 67 et suivants du Code pénal est moins élevé. Il n'est pas douteux que dans quelques années, lorsque la loi de 1889, encore si récente, aura produit tout son effet utile, des conséquences sociales importantes apparaîtront nettement aux yeux. On peut espérer que 30 à 40.000 enfants auront pu être enlevés à l'armée du vagabondage et de la mendicité, et seront devenus de braves ouvriers ou d'honnêtes mères de famille. Les rapports officiels publiés chaque année par le Directeur de l'Assistance Publique de Paris et les Inspecteurs chefs des services départementaux des Enfants Assistés et moralement abandonnés, ne laissent aucun doute sur les résultats obtenus et sur ceux que réserve l'avenir.

C'est sur cette note optimiste que nous voulons finir. En dépit de ses imperfections la loi de 1889 a réalisé une grande réforme sociale, elle nous a d'un bond replacé au premier rang des autres pays en ce qui concerne la protection de l'enfance malheureuse ; à ses services d'Enfants Assistés qui, pris dans leur ensemble, distancent de beaucoup les services analogues consacrés dans les autres nations aux enfants abandonnés, la France a ajouté les nouveaux services en faveur des enfants moralement abandonnés et maltraités dont l'Angleterre, les Etats-Unis, et d'autres pays, s'étaient préoccupés avant nous d'assurer la protection.

La loi du 24 juillet 1889 constitue donc un grand progrès et nous sommes heureux qu'il nous ait été permis de le choisir pour la thèse de doctorat que nous soumettons en toute confiance et en toute modestie à l'appréciation de nos Maîtres et de nos Juges !

POSITIONS PRISES DANS LA THÈSE

—

DROIT ROMAIN

I. La *capitis deminutio* n'entraîne pas nécessairement une condition *in deterius*.

II. Le pérégrin ayant une *certa civitas* peut subir la *media capitis deminutio*.

III. La *capitis deminutio minima* ne fait pas perdre le droit de propriété.

IV. Dans la loi 45 Dig. De Adopt. liv. 1. tit. 7, les *onera* dont parle le jurisconsulte Paul ne sont pas les dettes de l'adrogé; mais les *onera matrimonii*.

V. La fille de famille pubère est demeurée incapable de s'obli_ger civilement tant qu'a duré la tutelle perpétuelle des femmes.

DROIT CIVIL

I. Le paragraphe 2 de l'art. 1 et le paragraphe 2 de l'art. 2 de la loi du 24 juillet 1889 prévoient des hypothèses différentes : le premier a en vue des crimes, le second des délits.

II. Quand une peine prononcée en vertu du parag. 1 de l'art. 2 est commuée en une peine non prévue par cet article, la déchéance de la puissance paternelle subsiste néanmoins.

III. Pour que la déchéance de la puissance paternelle puisse être prononcée en vertu du parag. 2 de l'art. 2, il suffit que les deux condamnations aient eu lieu pour deux délits quelconques prévus par ce paragraphe.

IV. La déchéance de la puissance paternelle n'est pas applicable aux enfants naturels non reconnus.

V. Les tribunaux répressifs sont compétents pour organiser la tutelle de la loi du 24 juillet 1889.

VI. Quand la déchéance a lieu de plein droit, ou est prononcée par le tribunal sans que la tutelle ait été organisée, l'Assistance Publique devient nécessairement tutrice.

VII. Il n'était pas nécessaire, pour assurer la protection de l'enfant moralement abandonné, d'établir une déchéance indivisible de la puissance paternelle.

VIII. Le tribunal compétent pour la restitution de la puissance paternelle est le tribunal civil du domicile du père destitué.

IX. La femme a besoin d'être autorisée pour demander que son mari soit déchu de la puissance paternelle.

POSITIONS PRISES EN DEHORS
DE LA THÈSE

DROIT ROMAIN

I. L'exception de dol opposée par un défendeur à une action de droit strict pour faire valoir la compensation, a pour effet, lorsqu'elle est justifiée, non de faire rejeter la demande pour *plus petitio*, mais de donner aux juges le pouvoir de diminuer la condamnation en appliquant la compensation.

II. Le bénéfice de cession d'actions appartient aux *correi promittendi non socii*.

III. La prescription ne laisse pas subsister d'obligation naturelle.

IV. Il faut reconnaître à Rome deux actions paulienne, l'une *in rem, factice et in jus*, et l'autre *in personam et in factum*.

DROIT CIVIL

I. Les articles 622 et 788 du Code civil doivent être complétés par l'article 1167.

II. Le cohéritier attributaire d'une créance dans le partage de la succession n'est pas obligé de remplir vis-à-vis du débiteur les formalités de l'article 1690.

III. L'héritier pour partie qui a payé la part dont il est personnellement tenu dans les dettes du *de cujus*, ne peut purger l'immeuble hypothéqué qui a été placé dans son lot.

IV. La femme mariée et séparée de biens peut toujours disposer librement de son mobilier à titre onéreux, quand même l'aliénation ne pourrait pas être considérée comme acte d'administration.

V. Le mari s'oblige personnellement par l'autorisation qu'il donne à sa femme, et par conséquent, après la dissolution de la communauté, il pourra encore être poursuivi pour la totalité des dettes contractées par sa femme par application de l'article 1484.

PROCÉDURE CIVILE

I. Le ministère public ne peut intenter d'action civile qu'en vertu d'un texte exprès, tandis qu'il peut procéder d'office et sans texte formel aux actes d'exécution des lois, actes et jugements, dans les dispositions qui intéressent l'ordre public (art. 46, loi du 20 avril 1810).

II. Sauf le cas de l'article 1167 C. C. il faut dire que la tierce opposition est ordinairement pour les tiers une voie de recours facultative, en ce sens qu'ils peuvent avoir d'autres moyens à leur disposition.

DROIT CRIMINEL

I. Si le condamné par contumace à une peine perpétuelle afflictive et infamante meurt ou reparaît volontairement ou forcément après l'expiration du délai de grâce de cinq ans, toutes les déchéances attachées à sa condamnation sont définitivement encourues dans le passé ; il n'y a pas de distinctions à faire, l'art. 20 du Code civil et le 2° de l'article 476 du Code d'instruction criminelle ne sont pas abrogés.

DROIT INTERNATIONAL PRIVÉ

I. La femme étrangère n'a pas d'hypothèque légale sur les biens de son mari situés en France.

II. Le tribunal français appelé à rendre exécutoire un jugement étranger n'a pas le droit de le réviser quant au fond.

DROIT CONSTITUTIONNEL

I. Sauf le droit d'initiative de la Chambre, le Sénat et la

Chambre des députés ont les mêmes droits en matière budgétaire.

<table>
<tr><td align="center">Vu par le Président,
Glasson.</td><td align="center">Vu par le doyen,
Colmet de Santerre.</td></tr>
</table>

Vu et permis d'imprimer,

le vice-recteur de l'Académie de Paris,

Gréard.

Saint-Amand (Cher). — Imprimerie DESTENAY, Bussière Frères.